首都经济贸易大学会计学科·青年学者文库

本书受首都经济贸易大学北京市属高校基本科研业务费专项资金资助（XRZ2020040）

宏观分析师对企业业绩预测的影响研究

袁满　著

中国财经出版传媒集团
中国财政经济出版社
北京

图书在版编目（CIP）数据

宏观分析师对企业业绩预测的影响研究 / 袁满著
. --北京：中国财政经济出版社，2024.2
（首都经济贸易大学会计学科·青年学者文库）
ISBN 978-7-5223-2677-1

Ⅰ.①宏… Ⅱ.①袁… Ⅲ.①企业管理-经济预测-研究 Ⅳ.①F272.13

中国国家版本馆 CIP 数据核字（2024）第 034054 号

责任编辑：马 真　　责任校对：张 凡
封面设计：智点创意　　责任印制：史大鹏

宏观分析师对企业业绩预测的影响研究
HONGGUAN FENXISHI DUI QIYE YEJI YUCE DE YINGXIANG YANJIU

中国财政经济出版社 出版
URL：http：//www.cfeph.cn
E-mail：cfeph@cfeph.cn

社址：北京市海淀区阜成路甲 28 号 邮政编码：100142
营销中心电话：010-88191522
天猫网店：中国财政经济出版社旗舰店
网址：https：//zgczjjcbs.tmall.com
中煤（北京）印务有限公司印刷 各地新华书店经销
成品尺寸：147mm×210mm 32 开 5.375 印张 140 000 字
2024 年 2 月第 1 版 2024 年 2 月北京第 1 次印刷
定价：25.00 元
ISBN 978-7-5223-2677-1
（图书出现印装问题，本社负责调换，电话：010-88190548）
本社质量投诉电话：010-88190744
打击盗版举报热线：010-88191661 QQ：2242791300

前言

在2017年党的十九大会议上，习近平总书记针对新形势下中国的发展方向做了《决胜全面建成小康社会　夺取新时代中国特色社会主义伟大胜利》的主题报告，明确要求在经济发展过程中应更好发挥政府作用，深化体制改革，完善宏观调控，加大政策协调，助推国民经济发展。一方面，改革开放以来，中国形成了独具特色的社会主义市场经济体制，国家通过宏观政策对经济发展、资源配置产生影响。另一方面，改革进入深水区，宏观政策、财政政策、货币政策的效果值得关注。

因此，市场对于经济分析和宏观预测是需要的。究竟宏观经济运行情况如何，政策效果如何，微观经济怎样受宏观政策影响，专门针对这些问题进行探讨的便是宏观分析师。国民生产总值等宏观经济指标，对政府、企业、个人的投资融资决策具有重大的指导意义。宏观分析师在社交媒体、传统媒体或者研究报告中，发表其对宏观经济、股市债市、大类资产配置的观点，通过对中国中长期宏观经济走向进行把脉，从而对企业的投融资决策以及对投资者的投资决策起到指导作用。

伴随着中国经济的转型，市场对宏观分析师存在较大需求。据报道，买方机构、科技企业纷纷引进优秀的首席经济学家加盟。打开互联网搜索“首席经济学家”可以发现，其相关资讯达74.8万余篇，“宏观分析师”的相关资讯达32.8万余篇。首席经济学家的宏观分析能力备受市场追逐，在金融企业和科技公司高薪聘请宏观分析师的同时，市场上对宏观分析师发布的经济预测在准确性上往往存疑。理论上来说，宏观政策会对微观企业产生影响，实际操作时宏观方面的信息也是证券分析师的预测依据之一。

同时，证券分析师的预测能力能否被宏观分析师影响也是值得关注的问题，从逻辑上来说，其影响可能为正面也可能是负面，抑或是没有影响，可惜的是，学术界关于该话题的研究尚不充分。为探究宏观分析师能否对证券分析师产生影响，本书的研究结合中国制度背景，利用手工整理的宏观预测数据，巧妙地对宏观分析师能否影响证券分析师识别经济形势、能否影响证券分析师的政策敏感性进行连贯的实证研究。本书研究成果包括以下两个方面：

第一，针对宏观分析师能否影响证券分析师识别经济形势的问题，本书发现证券分析师在进行盈余预测时并不能充分识别负面的经济形势，而同券商宏观分析师的存在能够影响证券分析师对负面经济形势的识别，且在不同特质的企业、宏观分析师、证券分析师和行业层面存在差异。

第二，针对宏观分析师能否影响证券分析师政策敏感性的问题，本书结合特定的宏观政策——政府采购进行分析，结果表明同券商宏观分析师的存在能够影响证券分析师解读政府采购政策的效果，带来预测准确度和投资评级的变化，而这种影响在不同特质的企业、宏观分析师、证券分析师和政策层面存在差异，说明同券商宏观分析师的存在能够影响证券分析师的政策敏感性。

本书的贡献主要包括以下四个方面：第一，以往由于数据的不可获得性，无法围绕宏观分析师对资本市场的作用体现和经济后果进行分析，本书通过手工整理六年的宏观预测数据，打破了以往的研究困境。第二，本书基于我国新兴资本市场制度环境进行研究，将宏观政策影响与微观市场反应进行有效结合，为宏观与微观的研究提供了崭新视角。第三，本书拓展了分析师的研究领域，有助于资本市场的各方参与者深化对宏观分析师的认识，发现聘请宏观分析师为券商带来益处，既可以帮助提升个股分析师的预测能力，又能帮助投资者获得投资收益，对促进资本市场发展有着积极的推动作用。第四，本书的研究具有政策借鉴意义，可以加强监管部门对于宏观分析师的认识，积极鼓励并倡导分析师行业的健康发展，从而建立、健全社会主义市场经济体系，对未来政策的制定提供更加坚实的微观基础。

本书从宏观政策对微观经济的影响出发，为宏微观领域的研究提供实证证据，研究有助于增强各方对宏观分析师作用的理解，为投资者进行投资决策以及监管机构制定政策提供依据，研究结果具有参考价值与研究意义。

目录

第1章

绪　论

本章为全书的开篇之章，主要介绍本书的研究动机、研究问题、研究结论、研究意义和创新点以及研究内容和结构安排。本章共包括5个小节。其中，第一部分为本书的研究动机，第二部分为本书的研究问题，第三部分为本书的研究结论，第四部分为本书的研究意义和创新点，第五部分为本书的研究内容和结构安排。

1.1 研究动机

近年来，随着我国经济不断发展，处在国际化浪潮下，各企业纷纷向海外学习，设立宏观研究团队和首席经济学家岗位，高薪聘请首席经济学家的新闻引发热议。2017年，恒大聘请任泽平为首席经济学家（副总裁级）兼恒大经济研究院院长，给予1500万元的年薪。有关首席经济学家的互联网咨询高达75万余篇，有关宏观分析师的咨询达32.8万余篇。据媒体报道，监管部门的离职干部多中意首席经济学家岗位，中国人民银行金融所所长姚余栋出任大成基金首席经济学家，中国人民银行原货政二司处长伍戈出任华融证券首席经济学家和总经理助理，中国人民银行金融稳定局金融体制改革处李超出任华泰证券首席宏观研究员。恒大经济研究院的微信公众号，年阅读量接近1000万人次。网红经济学家的微博账号下有超过550万粉丝。如此多的关注和讨论，使得宏观分析师的话题热度不断，足以可见宏观分析师的影响范围之广。

然而，宏观分析师备受关注的同时，也伴随着社会舆论对宏观分析师褒贬不一的评价。投资者戏称宏观分析为“对人类毫无用处而人类又不能摆脱的东西”。据统计，2018 年各研究机构发布的经济预测与真实的经济成果相差甚远，“不准”成为经济预测的共性。投资者迟迟不见专家们声称的“反转”“钻石底”。新财富明星宏观分析师高善文曾对经济学家们发表研究判断时的振振有词、语出惊人和各家券商百家争鸣、百花齐放的现象写过一副对联，也是对经济分析往往存在误差的真实写照。与此同时，在 2016 年开年的两次股市熔断之后，投资者发现金融发展依附于实体经济，股市是受宏观经济影响的。研究表明，产业政策会对企业投资融资政策产生影响（张新民等，2017），不确定的宏观政策也会影响企业的管理层任命、投资效率（饶品贵等，2017）。尽管企业经营和投资决策需要宏观预测，但是，正如橡树资本的 Howard Marks 所说的，“每个人都有预测对的时候，但能保持很高正确率的预测者才能创造真正的价值”。

本书关心的是宏观分析师的加盟能否对所在机构带来益处。Neil Pollock 等（2015）研究发现，分析师受益于分析师会议，通过探讨分析师如何通过与会议受众的互动和激发反应来衡量他们的知识效用，发现分析师的知识分享是一种知识社会化的成果。如图 1－1 所示，宏观分析师与其他分析师的分工有所不同，其职责是通过收集整理宏观数据，推导演算复杂模型，分析解读宏观政策，从而把握未来不确定的状况，并作出判断与推论。然而，学术界关于宏观分析师影响的讨论还不完备。已有文献重点围绕卖方证券分析师的预测进行充分的讨论，研究分析师的预测能力、推荐分布和其影响因素，用利益冲突和预测偏好理论解释分析师的预测现象。但是，关于宏观分析师的研究较少。如图 1－2 所示，宏观经济信息也是证券分析师进行总体盈余预测所不可或缺的参考。学者发现，结合宏观经济的预测，能提高证券分析师的效率（Vasnev 等，2013）。因此，证券分析师能否具有宏观意识，证券分析师能否具有对经济形势的识别意识是十分需要研究的重要课题，然而，学术界的讨论相对较少。

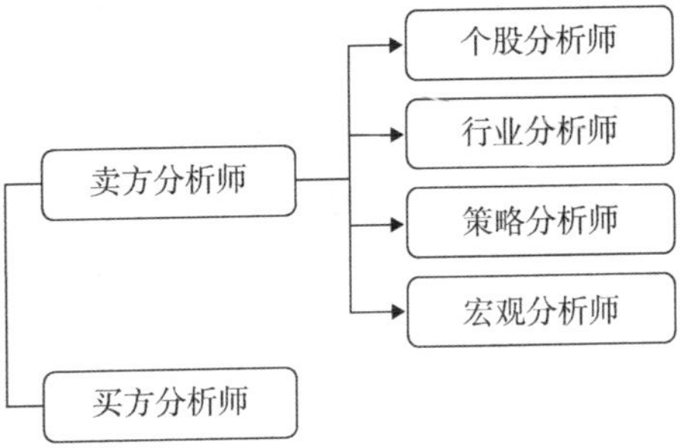

图 1-1 证券分析师的类型分布

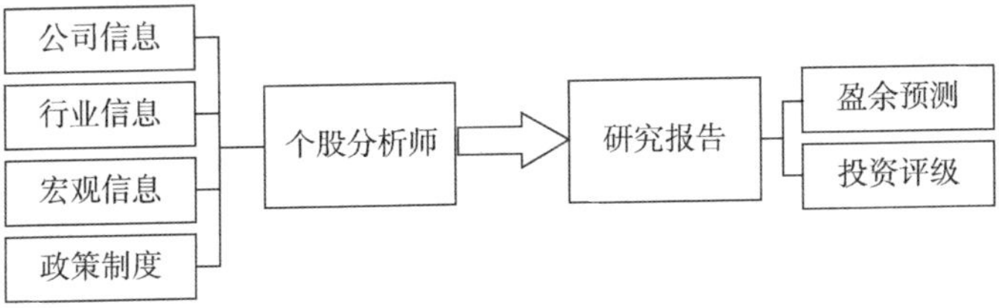

图 1-2 证券分析师的信息处理

事实上，面对宏观分析师的预测，证券分析师受其影响有三种可能：其一，负面影响，虽然宏观分析师无法准确预测经济走势和无法准确判断政策效果，但同券商的证券分析师仍相信宏观分析师的预测并且运用至个股预测判断中，因而给个股预测带来负面影响；其二，不存在影响，证券分析师并不认可宏观分析师的预测，或者有能力排除错误的宏观预测带来的干扰，使得宏观分析师与证券分析师的预测之间并无关系；其三，正面影响，证券分析师可以通过学习宏观分析师的思维逻辑和宏观意识来提升预测准确性。具体来说：

（1）宏观分析师可能会给证券分析师带来负面影响。由于宏观分析师对经济指标的预测和对政策效果的判断可能是不准确的，受此影响，证券分析师的预测准确度会降低。

据报道，中金公司预计 2018 年 A 股会实现双位数收益，中信证券预计 A 股盈利仍能保持 10% 的增长，但是，利好消息仅仅鼓舞了投资者却没有带来股市的增长。Batchelor（2007）发现，经济专家的预测存在系统偏误。一方面，宏观分析师会基于对经济、政策以及市场历史的分析，借用数据模型推导，进而对经济形势走向和大盘点位进行预判。另一方面，宏观分析师在进行预测时，会结合个人经验，这些主观判断的成分也会影响预测的精度。与此同时，宏观预测的方法、理论和模型均有可能出现错误。面对错误的分析逻辑和结论，同券商的证券分析师会接触到不准确的宏观意识和分析预测，如果证券分析师听取了宏观分析师的判断，那么证券分析师对公司的盈余预测也将会是片面的、不准确的，具体表现为更低的预测准确性和向下的投资评级调整。因此，宏观分析师错误的预测可能会给证券分析师的预测带来负面的影响。

宏观政策预期会给微观企业带来影响，研究发现，宏观政策会通过影响预期进而传导至企业的投资、融资和经营活动，即通过改变企业经营的信息环境从而影响企业行为（姜国华和饶品贵，2011）。但是，考虑到企业政策敏感性和行业政策敏感性的差异，以及政策执行力度的差异，政策的影响效果也会有所不同。一方面，宏观预测存在时间偏差，宏观政策带来的盈利改变会在未来一段时间才会体现。另一方面，宏观预测存在受众偏差，宏观政策的执行力度、宏观政策的执行效果与政策出台的初衷不符，企业的未来盈利与政策并不密切相关。受能力、专长、时间、注意力等因素的限制，证券分析师对宏观的理解可能与普通投资者的差异并不显著。因此，由于宏观政策对不同企业的影响有差异，证券分析师单纯套用宏观预测后，反而会影响对具体企业的评级判断，可能会给证券分析师的预测带来负面影响。

(2) 宏观分析师对证券分析师可能并无影响。证券分析师可能并不认可宏观分析师的错误预测，因而，尽管宏观分析师的预测可能有误，但是并不会给证券分析师带来影响。

尽管宏观分析师的预测存在误差的可能，考虑到证券分析师的预测专长和受认可度，证券分析师可能会剔除不准确预测的干扰。其一，从预测专长的角度来说，证券分析师的从业经验，特别是跟踪特定行业、特定公司的经验使得其具有相当的行业特长，该能力使得其在分析公司时自有见解，通过专业的分析，证券分析师可能会排除宏观分析师不准确预测的负面干扰。其二，从受认可度的角度来说，每一位宏观分析师的预测能力并不相同，对于预测经验不足、以往准确度较低以及知名度不够高的宏观分析师，证券分析师也并不一定会向其学习，从而并不会参考不准确的宏观分析师的预测信息，因而宏观预测对证券分析师并无影响。

与此同时，考虑到自身的信息来源、激励机制、利益冲突和自信理论，证券分析师也可能并不会遵循宏观分析师的分析。其一，从信息来源的角度来说，证券分析师的信息来源是多方面的，通过与市场和企业管理层的交流，宏观分析师不准确的预测自然会与其他来源的信息相违背，证券分析师可能选择不听取宏观分析师的判断。其二，受激励机制影响，卖方证券分析师的乐观在很大程度上源于其对于跟踪公司的选择，证券分析师倾向于选择其看好的公司。因为表现更好的公司在资本市场上会更加活跃，除非有令人信服的反面证据，否则证券分析师会对这类公司继续保持乐观的判断。其三，从利益冲突角度来看，证券分析师也可能受到与管理层之间利益冲突的影响，与管理层的良好关系可以为证券分析师所在的券商带来许多经济利益，证券分析师为讨好管理层，可能会故意忽略负向的宏观预测。据报道，美国的卖方证券分析师对于负面宏观新闻反应不足。其四，从自信理论的角度来说，长期的预测形成固定的思维逻辑，以往的准确预测表现使得分析师对自身的预测充满自信，证券分析师并不认可宏观分析师的预测。综上所述，宏观分析师可能对证券分析师并无影响。

（3）宏观分析师的宏观意识和分析能力可能会给证券分析师带来正面影响。

学者发现，分析师并不会独立进行研究，券商的分析师会以各种形式利用内部专业知识（Kadan 等，2012）。分析师在进行预测时会考虑非财务信息（Huang 等，2014），而宏观分析师是证券分析师在券商的同事，也可以是证券分析师的宏观指导和信息资源。媒体采访买方基金经理后发现，其更关注宏观分析逻辑和判断方法，对于能否做到准确预测经济的结果是次之的要求。宏观分析师与证券分析师存在多途径的互动行为，为带来影响提供可能。其一，得益于内部宏观分析师，分析师能够获得及时且专业的宏观经济形势分析，进而完善分析预测报告。其二，内部宏观分析师的分析中会提及特定的行业政策和影响，方军雄等（2015）发现，如果将上市企业的盈余加总，可以发现全社会的盈余具有对宏观经济的预测能力，而宏观分析师将该会计信息与宏观预测相结合，从而对证券分析师识别宏观政策产生影响。其三，内部的宏观分析师可以为分析师提供分析报告后续问题咨询，并且可以通过会议、报告、研讨会等方式来影响证券分析师了解宏观经济变量，增强宏观分析意识和政策敏感性。因而，“见贤思齐、择善而从”，在同一家券商工作的宏观分析师也有可能影响证券分析师建立宏观分析意识和对宏观政策的分析能力。

因而，究竟宏观分析师对证券分析师的影响是正面，是负面，抑或是没有影响，其结论并不可知。以往关于分析师的研究多围绕证券分析师的预测行为和利益冲突等，较少区分不同岗位分析师的区别和互动。事实上，属于同一机构的不同职能的分析师，在各司其职的同时，可以互相取长补短，“见贤思齐”。据报道，美国的卖方证券分析师对于负面宏观新闻反应不足。故此，同券商的宏观分析师和证券分析师之间是否存在影响关系，证券分析师是否会充分利用券商内部资源来提升预测质量，对于身处经济转型、政策改革阶段的中国来说，显得尤为重要，然而，在文献中该话题的研究较少。

1.2　研究问题

在前文分析的基础上，本书主要围绕中国经济转型这一背景，从券商机构内部分析师互动的角度，考察证券分析师的预测能力受宏观分析师的影响。具体而言，本书将从两个视角逐步深入研究宏观分析师的存在对证券分析师的影响。

第一，从宏观分析师是否会对证券分析师产生影响这一视角出发，结合宏观政策影响微观经济的理论背景，探讨证券分析师在对跟踪公司发布研究报告、预测盈余时是否结合当下经济形势这一因素？如果没有对经济形势，特别是负面的经济形势作出反应，是否有机制能够缓解这种不足？这种影响在什么情况下会更显著？针对不同分析经验的证券分析师、不同准确度的宏观分析师、不同经济敏感性的企业和行业，宏观分析师的影响是否存在差异？

第二，从宏观分析师能否影响证券分析师的政策敏感性这一视角出发，结合特定的宏观政策信息——政府采购，探讨证券分析师是否能够识别获得政府采购订单的企业，宏观分析师能否影响证券分析师对宏观政策的识别？进一步来说，针对不同稳定性的政府采购政策、不同产权特性的企业、不同分析经验的证券分析师和不同准确度的宏观分析师，宏观分析师对证券分析师的影响是否有差异？

1.3　研究结论

本书旨在探讨宏观分析师对证券分析师的影响，主要围绕以下两个问题进行研究：（1）宏观分析师能否影响证券分析师识别经济形势。（2）宏观分析师能否影响证券分析师的政策敏感性，得到以下两方面的结论：

其一，关于宏观分析师能否影响证券分析师识别经济形势的问题，本书结合中国经济转型这一背景，从宏观政策对微观经济的影响出发，发现宏观分析师的存在能够影响证券分析师识别经济形势。具体而言，（1）证券分析师不能充分识别负面经济形势。（2）同券商宏观分析师的存在，能够影响证券分析师对负面经济形势的识别。（3）该影响在不同特质的企业、宏观分析师、证券分析师和行业层面存在差异，说明宏观分析师的存在可以影响证券分析师识别经济形势。

其二，关于宏观分析师能否影响证券分析师政策敏感性的问题，本书从特定的宏观政策信息——政府采购进行分析，实证结果发现，（1）同券商宏观分析师的存在可以影响证券分析师识别政府采购政策的效果。（2）宏观分析师对证券分析师政策敏感性的影响，在不同特质的企业、宏观分析师、证券分析师和政策层面存在差异，包括政策稳定性、政策支持力度、企业产权等。（3）进一步地，研究证明了证券分析师解读政府采购政策的依据。

1.4　研究意义与创新点

本书的研究创新点主要体现在两方面，分别是数据的独特性和研究的拓展性。(1) 以往研究迫于宏观分析师预测的数据不可得性，并未有全市场的宏观预测数据，未有宏观预测发布日期和前后预测调整的统计，因而无法围绕宏观分析师对资本市场的作用体现和经济后果进行分析。本书通过手工整理六年的宏观预测数据，打破了以往的研究困境。(2) 以往关于分析师的研究多围绕证券分析师的预测行为和利益冲突等，较少区分不同岗位分析师，同时，关于宏观分析师与证券分析师影响话题在文献中又较少被研究，因而，本书的研究视角具有创新性。

本书的研究具有重要的理论意义和实践意义，具体体现在：

第一，从拓展研究领域的角度来说，以往关于宏观分析师的研究较少，更多的研究是在公司层面，证券分析师盈余预测的准确性、预测偏差的产生原因等。本书围绕宏观分析师这一群体进行深入探究，系统梳理了宏观分析师的角色和作用，揭示了宏观分析师对证券分析师的影响存在性，并利用宏观分析师预测数据对该问题进行了深入的分析和检验，将证券分析师的研究融入宏观经济环境的大背景中去，拓展会计学与宏观经济学的交叉研究的研究领域。

第二，从文献研究的角度来说，本书从宏观分析师影响证券分析师识别经济形势和宏观政策信息的视角出发，通过实证研究，发现宏观分析师能够影响证券分析师识别经济形势和宏观政策信息，本书将宏观政策影响与微观市场反应进行有效结合，为宏观与微观的研究提供了崭新视角。同时，本书基于我国新兴资本市场制度环境进行研究，是对转型经济体的宏观政策与微观经济的深入研讨和补充。

第三，从指导实践的角度来说，本书有助于资本市场的各方参与者深化对宏观分析师的认识。通过对预测准确性的探究证实了证券分析师预测表现可能会受宏观分析师影响，为证券分析师提高预测能力提供可能的方法。本书发现聘请宏观分析师能够为券商带来影响，有助于券商甄别宏观分析师和证券分析师的预测能力，挑选优秀人才进行战略投资。在实践角度的三个方面均对促进资本市场发展有着积极的推动作用。

第四，从政策意义的角度来说，本书的研究使得宏观政策与微观经济之间关系的研究更加丰富，研究结果具有政策借鉴意义，可以加强监管部门对于宏观分析师的认识，积极鼓励并倡导宏观分析师行业的健康发展。同时，借鉴宏观分析师的研究成果，结合证券分析师的报告更深刻地理解企业行为选择，更好地预测企业业绩走向，更好地管理服务国有企业、民营企业的成长，从而建立、健全社会主义市场经济体系，对未来政策的制定提供更加坚实的微观基础。

1.5 研究内容与结构

本书在将规范理论研究和实验实证研究统筹结合的基础上，对定量研究、定性研究进行了有机统一。

第一，规范研究方法上，本书根据文献分析法的相关要求，系统性回顾和梳理了有关分析师的文献，并据此归纳总结了目前研究中的不足，进一步提出了本书的研究动机，总结了本书的主要研究目标；综合运用信息不对称理论、心理学理论等理论体系，系统阐述分析师预测的预测能力，并对分析师行业和宏观分析师的现状进行描述与分析。

第二，实证研究方法上，使用多种方法度量相关变量，综合运用多元线性回归检验、异方差检验、异质性检验等多种统计分析方法，并利用滞后一期来控制反向因果问题和倾向分析解决自选择问题，从而全面系统地对我国宏观分析师对证券分析师的影响问题进行研究。

本书主要以宏观分析师对证券分析师的影响为研究话题，围绕以下两个问题进行研究：一是宏观分析师能否影响证券分析师识别经济形势；二是宏观分析师能否影响证券分析师的政策敏感性。本书综合检验了宏观分析师对证券分析师的影响，为进行连贯深入的研究，本书共分为6章，基本结构安排如下：

第1章为绪论，介绍本书的研究动机和研究问题，构建研究逻辑，并简要总结主要的研究结论、研究意义和创新点，最后梳理了本书的研究内容和结构安排。

第2章为制度背景与文献回顾，在制度背景方面系统介绍了以下三个方面的内容：(1) 证券分析师在资本市场中的角色；(2) 从宏观分析师进行宏观预测的工作出发，梳理了宏观分析师对资本市场各方的作用，着重介绍宏观分析师的积极影响、消极影响，并回答了选择中国资本市场为研究背景的原因；(3) 整理总结了相关理论。

在文献回顾方面，本书从传统宏观政策与微观经济的研究出发，围绕以下三个方面展开综述：(1) 从证券分析师的预测能力、推荐分布和团队影响三个方面梳理证券分析师预测的相关研究；(2) 围绕宏观分析师的预测，从其预测本地优势、预测偏误和社会关系的相关研究进行回顾；(3) 引申到宏观经济与分析师预测，梳理政策不确定性和宏观经济对证券分析师预测的影响研究。在此基础上，为后文的实证研究提供制度背景和理论基础，并引申出本书后续的研究问题和研究假说。

第3章梳理了宏观分析师预测的概况，研究内容包括以下四个方面：(1) 明确了研究标的——宏观分析师预测的定义和衡量方式；(2) 介绍了手工数据的整理过程；(3) 围绕宏观分析师的预测，对宏观分析的预测数据进行全方位的描述性统计，包括指标类型、年份、合作方式、预测形式、跨度、频数等；(4) 结合境内外券商的宏观预测进行对比分析，对“外来的和尚好念经”还是“近水楼台先得月”这一问题进行了回应。

第 4 章实证研究了宏观分析师能否影响证券分析师识别经济形势的问题，在这一章中，结合中国转型经济这一背景，从宏观政策对微观经济的影响出发，试图回答以下两个问题：（1）证券分析师能否识别经济形势；（2）当证券分析师所在券商同时雇佣宏观分析师时，宏观分析师的存在能否影响证券分析师对经济形势的识别，然后，分析不同特质的企业、宏观分析师、证券分析师和行业层面是否存在差异。

第 5 章实证研究了宏观分析师能否影响证券分析师政策敏感性的问题。在这一章中，从特定的宏观政策信息——政府采购进行分析，试图回答以下四个问题：（1）证券分析师是否具有对政府采购的政策敏感性；（2）宏观分析师能否影响证券分析师的政策敏感性；（3）证券分析师的政策敏感性在不同特质的企业、宏观分析师、证券分析师和政策层面是否存在差异；（4）探讨政府采购政策影响企业的途径。

第 6 章为研究结论与建议。本章对前面的实证研究结果进行了概括和总结，指出了研究中存在的局限性，并探讨了未来的研究方向，最后概括了本书的研究意义，并提出了相应的政策建议。

第2章

制度背景与文献回顾

2.1　本章引言

证券分析师在证券市场中扮演信息中介的角色。以往的研究多将分析师以整体的概念进行分析，其实，证券分析师、宏观分析师、债券分析师等，都属于分析师的范畴，他们各司其职，为资本市场带来研究和预测。随着我国金融业与国际接轨，从券商研究所到科技企业，从买方机构到大型集团，都在邀请宏观分析师加盟。与此同时，不是每一家券商都雇佣宏观分析师，雇佣宏观分析师能够为券商带来正面还是负面的影响，值得进行实证探讨。尽管随着资本市场的发展，关于证券分析师的研究受到学术界和实务界的重视，研究的话题主要关注证券分析师的预测准确度、乐观偏好等方面，并探索影响因素。研究发现，证券分析师的预测质量受自身专业能力、工作经验所限，还与所在券商、所追踪公司有关，学术界主要围绕分析师的预测偏好和利益冲突进行探讨，较少有关于宏观分析师与证券分析师影响的研究。因此，究竟宏观分析师与证券分析师的互动会产生怎样的影响，其结论并不可知，可能有正面影响也可能有负面影响，还可能是毫无影响。

由于对宏观分析师的研究在学术界仍显不足，有必要对宏观分析师的概念和相关制度背景进行介绍。因此，在制度背景方面：本章将对以下问题进行回应：首先，宏观分析师在资本市场中承担何种角色，宏观分析师的日常工作内容，宏观分析师的研究报告和研究预测内容，宏观分析师的积极影响与消极影响，宏观分析师与证券分析师的互动行为。其次，本书回答选择中国资本市场为研究背景的原因，通过比较境内外宏观分析师行业的异同，可知中国独特的经济背景对研究宏观微观问题是十分有益的。而本书独特的研究数据条件也是选择中国背景的一大原因。最后，为了更好地理解宏观分析师对证券分析师影响的问题，本书对相关理论进行梳理，为后文的研究奠定制度和理论基础。

为了厘清宏观分析师与证券分析师的影响，本书围绕以下三个方面展开综述：（1）从证券分析师的预测能力、推荐分布和团队影响三个方面梳理证券分析师预测的相关研究。（2）围绕宏观分析师的预测，对其预测本地优势、预测偏误和社会关系的相关研究进行回顾。（3）进一步引申到宏观经济与分析师预测的问题，梳理政策不确定性和宏观经济对证券分析师预测影响的研究进展。

本章共包括 8 个小节。除本部分外，第二部分为证券分析师的介绍，包括信息中介作用及其发展；第三部分为宏观分析师的介绍，包括宏观分析师的概念、宏观分析师的积极与消极影响、宏观分析师与证券分析师的沟通以及境内外宏观分析师的异同；第四部分梳理了相关理论，包括信息不对称理论、有效市场理论和群体心理理论；第五部分为证券分析师预测的综述，包括证券分析师的预测能力、推荐分布和团队效应；第六部分为宏观分析师预测的综述，包括宏观分析师预测的本地优势、预测偏误和社会关系；第七部分为宏观经济与分析师预测的综述，包括政策不确定性与证券分析师、宏观预测与证券分析师预测；最后一部分为对全章的小结。

2.2　证券分析师

（1）证券分析师的信息中介作用

将行业信息结合进公司信息中，利用自己的专长，将输入的信息输出为投资报告，帮助资本市场的投资者更好地理解公司，进行投资决策。研究表明，证券分析师在增强股票价格信息含量、合理引导市场估值方面能起到积极作用。证券分析师报告的核心信息和结论主要包括分析师盈余预测和投资评级，部分研究报告可以在公开市场看到，包括大智慧、万德数据等。证券分析师的日常工作包括撰写研究报告、调研、拜访、路演、服务等。根据第一财经统计，自2008年至2017年，证券分析师发布的研究报告数量由4.4万份升至25.8万份，涨幅达5倍。这一方面体现出证券分析师的工作量逐年增长，另一方面也说明市场对证券分析报告的需求。

（2）证券分析师的发展与演变

调查显示，中国资本市场正呈现“去散户化”的态势，秉持价值投资理念的机构投资者是证券分析师报告的主要客户。虽然券商研究部门日趋壮大，分析师行业的监管日趋完善，但依然有违规操作行为和拉票竞争明星分析师的新闻。这是因为，分析师行业里流行一句话：A股只存在两种分析师——新财富上榜和新财富未上榜，两者薪酬差距悬殊，这由两者对手续费收入的不同吸引力所导致。Wind数据显示，2007年至2017年，前十大券商佣金席位占比从2007年的55.33%下降到2017年上半年的42.51%，这说明券商获得佣金收入的集中度逐年下降，券商的行业竞争压力逐年增大。因此，各家券商对明星分析师的争夺日趋白热化。据报道，某明星宏观分析师在加盟新公司后，获得高达1500万元的年薪，引发市场热议。证券分析师行业具有流动性强的特点。据新财富杂志统计，从2003年到2017年，新财富明星分析师（团队）中，有57%的明星分析师选择留在卖方，这之中3/4的分析师仍然继续做研究工作，其余转向管理职能部门。同时，有28%的明星分析师选择加入买方机构（私募、产业基金等）。

2.3 宏观分析师

宏观分析师通过分析宏观经济，并进行预测，将其研究观点提供给投资者。具体来说，第一，通过理论、逻辑和数据实证分析，持有明确的观点，包括对未来经济、政策、行业和市场走势的预测和判断；第二，通过一对一的路演、会议和调研等方式，向客户传播观点，为做好宏观大类资产配置提供专业化建议。因此，一方面，宏观分析师需要了解并定期跟踪各类经济、金融指标数据，适时撰写点评并对宏观经济指标进行预测。诸如经济增长方面的GDP，经济景气度方面的PMI，通胀方面的CPI和PPI，金融信贷方面的M0/1/2、人民币贷款、社会融资规模，财政方面的公共财政收入/支出、税收收入/支出，以及如外汇储备、进出口金额、固定资产投资额、房地产开发投资额、社会消费品零售总额、工业企业增加值与利润总额、失业率、人口增长、教育水平、全球经济、美国经济、欧元区经济乃至日本和英国经济等。另一方面，宏观分析师需要熟悉各类金融市场，了解各类金融资产价格变化规律和趋势，建立金融配置模型，构建模拟投资组合并定期回测调仓。

之所以宏观分析师的职业门槛较高，是因为做好宏观预测极具重要性，但是作出准确的预测是有相当大难度的。好的宏观分析师能够为所在机构带来正面影响，同样，不好的宏观分析师也会给所在机构和市场其他参与者带来负面影响。宏观分析师的研究报告如表2－1所示。

表 2－1　　　某券商宏观分析师的研究报告

宏观关键指标	2016F			2015F
	预测下限	预测基准	预测上限	
GDP 增长率（%）	6.4	6.6	6.8	6.9
固定资产投资增长率（%）	8.0	9.0	10.0	10.0
社会消费品零售总额增长率（%）	10.0	10.5	12.0	11.0
出口增长率（%）	0.0	2.0	5.0	－2.7
进口增长率（%）	－1.0	2.0	4.0	－16.0
CPI（%）	1.1	1.3	1.5	1.4
PPI（%）	－4.0	－3.0	－2.0	－5.0
社会融资总额（万亿元）	15.5	17.0	18.0	15.5
新增贷款（万亿元）	11.0	13.5	14.5	12.5
M2（%）	11.0	13.0	14.0	13.0
1 年期人民币存款基准利率（%）	1.0	1.25	1.5	1.5

数据来源：某券商网站。

2.3.1　宏观分析师的积极影响

首席经济学家是一种高层次决策咨询机构的制度性安排，可以理解为大企业在金融经济方面的军师。尤其近年来全球经济遇到的困难和风险增多，贸易局势紧张，国内的监管也比较严格，面临政策的不确定性，饶品贵和徐子慧（2017）发现，政策不确定性会影响企业的高管变更，陈德球等（2016）发现，政策不确定性也与企业的创新效率有关。由于宏观变化会影响企业，公司必须关注宏观经济环境，而宏观预测的复杂度和专业度使得公司纷纷高薪聘请首席经济学家。2016 年，排名第一的金融租赁公司，以 160 万元年薪的价格招聘首席经济学家。2017 年，恒大聘请任泽平为首席经济学家（副总裁级）兼恒大经济研究院院长，给予 1500 万元的年薪。2018 年，瑞穗证券亚洲公司原董事总经理、首席经济学家沈建光加入京东金融，任职副总裁和首席经济学家。

除了企业外，券商机构也在设立研究部门，构建宏观分析团队力量。统计显示，中国人民银行、证监会、银保监会等监管部门的离职干部多选择加入首席经济学家队伍。据披露，中国人民银行金融所所长姚余栋出任大成基金首席经济学家，官员“跳槽”多中意首席经济学家岗位，该选择结果是双方的互动所致。监管部门的人员拥有专业的经济学历背景，多年的监管工作使其积累了丰富的分析经验，熟悉监管政策，掌握分析技能，除此之外其人脉也是券商机构所看重的资源。而券商高薪聘请首席经济学家和宏观研究员的诚意，能够满足离职监管干部对于未来成长和事业发展空间的需求，因而离职监管干部选择加盟券商研究机构。

知名宏观分析师的加盟可能会给券商机构带来益处，体现在关注量和曝光度上。宏观分析师通过媒体传播观点，引发社会热烈讨论，其所在机构也收获大量关注度。有券商宏观分析师曾表示，每年发布 300 余份报告，努力传播研究观点，提出“5000 点不是梦”“新周期”等概念引发媒体关注，其微信公众号的文章篇平均阅读量超过 2.5 万人次。券商赚取的是交易佣金以及各项证券发行与承销等收入，卖方研究机构大多向投资者提供一些宏观策略建议以及介绍其认为有上升空间的股票。因此，券商研究所一般都会设立首席经济学家这一招牌职位，来提高市场影响力。宏观分析团队对宏观的把控能力，往往也是机构投资者（买方）选择相信这家券商及其研究报告、策略分析的充分条件之一。

2.3.2 宏观分析师的负面影响

宏观分析师也可能会给券商机构带来消极影响，媒体曾报道称，投资者认为宏观分析师的报告往往热衷于股市短期趋势的判断，一味唱多误导投资者。不仅如此，少数首席经济学家频频预测指数顶部和底端，类似“钻石底”“婴儿底”的预测常见于报端，给市场投资情绪造成负面影响。如果宏观分析师的预测总是错误的，那么宏观分析师所带来的关注量和曝光度，可能是哗众取宠的结果，不仅不能帮助投资者正确分析经济走势，还会给券商的形象和声誉带来损害。例如，被称为“网红经济学家”的经济专家，其微博粉丝超过 550 万，常常发布错误的预测，往往引发舆论的嘲讽。

夏纪军和康健（2009）利用权威的中国经济学家预测数据进行研究，发现中国宏观经济预测存在系统性的偏差。事实上，准确预测宏观经济指标存在难度，在全球范围内各国的预测难度不同，与经济水平和法制水平相关。有媒体报道，2018 年宏观预测的特点为全体不准，由于宏观预测采用的数据分析方法和周期理论在现实中面临多种干扰导致规律不稳定，表现为虚假的周期现象，干预使得经济发展从繁荣萧条到调整复苏是没有规律而言的。因此，作为宏观分析师中最具代表性、最引起热议的首席经济学家，他们对宏观市场具有前瞻性的预测如同券商的金字招牌一样，能够吸引很多的投资者前来开户并且听取券商策略报告或研究报告中的观点，但是，不准确的预测也会让投资者将错误观点和逻辑运用到投资决策中，最终，这些不准确的宏观经济分析与预测可能会对基金经理或中小投资者的投资收益带来负面影响，造成投资组合决策的失误。

与此同时，在买方中，一些企业的战略研究部也设有宏观分析部门，他们对宏观经济政策与波动进行分析，预测未来经济的走向以及对不同行业的影响，一旦预测失误，就会造成企业战略偏误，给企业经营带来损失，进而给市场的相关利益方带来负面影响。

2.3.3　宏观分析师与证券分析师

古语有云：择善而从，见贤思齐。研究发现，宏观经济与微观企业之间存在联系，而宏观政策能够影响微观企业。因此，证券分析师在追踪公司时，理应将宏观政策、宏观经济和行业背景的信息考虑进公司预测中。自然，券商的同事——宏观分析师，可以为证券分析师解答宏观政策的经济效果、预期经济走势如何等问题，从而判断企业的投融资行为和预期收入。例如，券商内部的每周首席观点、每月专家问答等。同时，“见贤思齐”，券商在组建宏观研究部门的过程中，会提升券商内部对宏观研究的重视。当证券分析师所在的券商拥有宏观研究力量时，证券分析师在日常工作中，自然会加强宏观思维，提高宏观分析的能力。

宏观分析师与证券分析师存在多方面的沟通途径，其作用机制在于两者之间多样化的互动行为。首先，得益于内部宏观分析师，分析师能够获得及时且专业的宏观经济形势分析，进而完善分析预测报告。其次，内部宏观分析师能够在 GDP 预测中考虑公司或行业特征，可能会对分析师分析特定行业和公司有影响。再次，内部的宏观分析师可以为分析师提供分析报告后续问题咨询，并且可以通过电话会议、内部报告和会议等方式来提供专业建议。最后，宏观分析师经常在内部开展研讨会，甚至教授课程，可能会对分析师了解宏观经济变量和预测有影响。另外，分析师作出预测时，在很大程度上依赖于管理层提供的信息（Brown 等，2015）。这种相互依存的关系往往会导致分析师具有和管理层类似的乐观心态。区别于证券分析师，宏观分析师主要关注宏观经济因素，与管理层的关系并不密切。因此，内部宏观分析师不仅拥有宏观方面的专业知识，还能更客观地分析经济新闻对特定公司的影响。

2.3.4 宏观分析师的中外异同

对于宏观分析师来说，资本市场对其有充分的需求。券商的宏观分析师基本价值是撰写宏观研究报告，服务机构投资者，帮助券商赚取交易佣金。宏观分析师的存在，一方面，通过共享宏观分析的报告，提出预测宏观经济走势的判断，从而为券商的其他分析师提供智力支持；另一方面，通过社交媒体、经济论坛等方式，向市场传递对宏观政策的分析和对市场走势的判断。尽管可能由于当时某些假设与现实不符，或者有一些突发因素并未被考虑进模型中，每一次的宏观预测并不一定都是准确的，但是市场对经济分析的热情始终是高涨的，因为市场需要经济学家提供方向性的判断和背后的逻辑，其得出结论的过程、逻辑推导对于市场参与者来说是有启发的。因此，一名有实力的宏观分析师对于提升机构的知名度、影响力来说是大有裨益的。

目前，我国处于经济发展的关键时期，与国外成熟资本市场相比，宏观分析师行业还存在许多不同之处，具体包括以下三个方面。

第一，宏观分析师所身处的竞争环境不同。事实上，我国 87 家研究所的数量足以说明国内券商研究所的过度饱和状态。经过 2008 年金融危机的暴跌后，分析师的研究报告质量依然良莠不齐，受经济转型压力影响，伴随着微博、微信等社交媒体的发展，分析师需要花费更多的时间和力量投入到维护客户关系上，登门拜访买方机构的基金经理，针对经济指标等进行心理安慰式的答疑解惑。同时，受限于我国佣金分仓是研究所最主要的收入来源这一背景，宏观分析师需要维护好与基金经理的关系。因而，我国宏观分析师的竞争相对于海外更为激烈。

第二，宏观分析师的工作方式不同。欧美的卖方分析师，可以通过一次新闻发布会来宣传、发表自己的预测判断、看法建议。但是在中国，需要到每一家公司上门拜访，四处路演。在中国上规模的买方有百余家，这就造成了宏观分析师的日常工作时间安排大致为，40% 左右的时间作研究，从而产生观点；40% 左右的时间路演，以传播观点；20% 左右的时间组织客户调研、举办论坛和其他活动。事实上，卖方研究本应是越老越有经验，越能够产生成果。但是由于宏观分析师的高强度工作模式，面临长时间频繁的飞行、高强度的工作和压力，导致资深的分析师不具有年龄优势，体力不足以支撑整天调研、路演、写报告的工作。

第三，宏观分析师所处的宏观经济背景不同。例如，每季度召开一次的政治局会议、全国金融工作会议、全国财政工作会议、金稳会、财经委会议等，为季度经济工作总结并部署下一阶段任务，中国资本市场的参与者都在关注其所释放的经济信号和对未来经济工作所产生的影响。这是我国经济分析与其他已进入成熟的资本市场阶段的国家相比所不同的。同时，受到海外基金的投资和决策流程，海外机构的持仓时间较长，频繁换仓的行为较少。因而，相较于国内来说，海外宏观分析师对中长期趋势研究更为重视。

2.4 相关理论

（1）信息不对称理论

以往的研究中多假设市场交易双方的信息集是同样且完全的，但是在现实的交易活动中，经济行为主体所获得的信息往往是不充分的，信息量不足以作为其作出最优决策的依据，同时，其识别获取信息的能力也被限制了。这种现象便是信息不对称，信息不对称可以分为事前和事后两种形式。

信息不对称是市场不可避免的现象，这一现象的弊端比较明显。在资本市场中，事前的信息不对称使得投资者认为上市公司是同质的，无法识别出好公司和坏公司，从而盈利能力和经营结果好的公司其股价与盈利能力差的公司一样，由于价值被低估，高质量的公司会离开市场，反而低质量的公司留在市场中继续参与交易，最终导致市场中只有低质量的公司。事后的信息不对称引发道德风险问题。管理层或者大股东能够掌握大量的不能被外部投资方所获得的所谓的内幕资料，这种信息不对称会导致市场行为主体无法对公司盈利能力的稳定性和经营结果进行准确的分析，从而难以准确地作出投资决策。

（2）有效市场假说

有效市场假说（Efficient Market Hypothesis）是指资本市场中股票价格对信息的反映。也就是说，公司披露的信息在有效市场中，是会被充分、及时地反映在股票价格中。进一步，根据证券市场价格对信息的反映程度，将市场有效性分为弱势有效、部分强势有效和强势有效。弱势有效，是指过去所有信息已完全被反映在股票的市价中的市场；部分强势有效，是指过去及目前所有已公开的信息都被充分地反映在市价中的市场；强势有效，是指所有已公开或未公开的信息都被反映在股价中的市场。事实上，充分发挥分析师的中介作用，可以有效缓解这一问题，关于宏观分析师对于宏观信息的识别和研究其对于证券分析师的作用具有非常重要的意义，可作为资本市场有效性得以持续改善的动力。同时，揭示这一作用的存在和机制，可以对投资者解读上市公司和分析师报告的信息含量具有启示作用。

（3）群体心理理论

社会即人的关系网。研究发现，处在群体中，人会形成社会关系，并伴随交流沟通，从而形成相类似的看法，所谓“见贤思齐”“择善而从”。由群体心理所引发的行为效应，称为羊群效应。其背后的原因可能有三种：第一种是相似信息集，输入的信息决定了输出的结论，同一个群体的社会关系相一致，因而信息集不差上下，带来类似的行为表现；第二种是服从领袖意见，一个群体的领导者往往是意见领袖，他的价值观和判断决定了群体的特色和行为，作为沉默的大多数，群体表现出一致的看法；第三种是相似思维逻辑，正所谓“人以群分、物以类聚”，相似的人所组成的群体拥有相类似的思维逻辑，因而其行为呈现羊群行为。

2.5 证券分析师预测的文献回顾

2.5.1 证券分析师的预测能力

关于证券分析师提供准确预测的动机，学者发现预测不准确的分析师更有可能被解雇，更不可能被提升。类似地，Irvine（2004）发现预测准确性和薪酬之间有积极的关联。事实上，分析师的预测表现不同与三个方面有关，即所在券商、个人能力和追踪公司特征。学者证实了分析师之间存在的预测准确性差异的来源（Kothari，2001）。

研究表明，分析师的分析能力与个人的相关因素有关，相关因素分为先天的“天赋”以及后天的学习。个人特征，即个体的一些基本层面因素，一般来说，个体基本因素反映了基金经理的个人能力，包括以下基本因素：经理姓名、籍贯、年龄、性别、受教育程度、从业时长、从业任期、专业资格①等。国内学者通过分析审计师的个人特征与其审计报告质量的关系，从审计师的年龄、文化程度、性别、职级、经验等多个角度进行分析（叶琼燕，2011）。

学者发现，在个人特征之中，性别因素与预测能力密切相关。分析师自身特征和券商层面的因素会导致分析师的预测准确度存在不同，比如性别等因素（樊铮，2010）。Kumar（2010）研究表明，性别因素对分析师预测能力产生较大影响，女性分析师在自身关注度不高的细分领域的预测能力相较于男性则更加准确，更易当选为明星分析师；同时研究还表明，股票市场中参与者也发现了性别因素在分析师技能上的差异表现，女性分析师预测更加准确，而市场

① 专业资格包括注册金融分析师或注册会计师。

可以识别不同性别分析师的预测差异。

同时，工作经验和后天学习会提升证券分析师的预测能力。通过研究分析师以往对追踪公司的预测发布频数和努力程度，发现证券分析师预测准确度与分析师从业经验存在相关关系（Mikhail 等，1997）。进一步研究表明，分析师盈余预测准确度与其特定公司经验呈现正向相关性。基于前文的描述可知，券商内部的宏观分析师和证券分析师可以通过多种渠道沟通信息。证券分析师通过加强与宏观分析师的沟通，不断学习成长，其盈余预测准确度也会潜移默化地提高。

但也有学者认为，个人特征并不能解释预测准确度的不同。管总平（2012）对个人特征与预测准确度关联关系进行了深入研究，特征变量包括了分析师性别、教育背景、从业经验、明星等关键因素，发现可观察到的分析师个人特征与其预测能力的相关关系不足以解释分析师的预测差异。同时，不同的个人特征在解释分析师预测差异方面是不同的。其中，相较于学历和经验的影响，信息收集途径与证券分析师的预测相关关系最大，会显著影响分析师的预测准确度和信息质量（胡奕明，2005）。

2.5.2　证券分析师的推荐分布

证券分析师是资本市场中的重要信息中介。文献发现他们的建议具有投资价值并影响公司决策（Barber 等，2001；Brown 等，2015）。与此同时，分析师面对着众所周知的利益冲突，这导致他们的报告具有偏差，从而限制他们研究的信息量（Corwin 等，2017）。研究表明，证券分析师面临着各种各样的利益冲突。已有研究发现，证券分析师发布乐观偏好的预测和推荐从而吸引投资银行客户（Lin 和 McNichols，1998）。其他研究发现分析师的预测偏好与券商的薪酬激励有关（Cowen 等，2006）。乐观偏好的盈余预测可能是由分析师为了讨好公司管理层从而获取私有信息导致的

（Brown 等，2015）。

在不同证券分析师所建立的投资组合中，其对追踪公司的建议分布可能为投资者提供有关信息，这样的预测被称为证券分析师的客观预测。反之，如果证券分析师的投资建议组合中分布了过多的买进建议，投资者可能会降低对该证券分析师建议的追随。因此，证券分析师有足够激励去管理他们的投资建议分布，以保持他们获取投资者的信赖。

证券分析师面临的利益冲突会对市场参与者产生不利影响，特别是如果投资者在进行投资决策时充分依赖分析师报告。学者（De Franco 等，2007）发现当证券分析师发布有偏好的预测和投资建议后，资本市场上的资金最终从个人投资者转向机构投资者。当然，监管者已经意识到这一方面对投资者造成损害，另一方面也使得分析师的信息中介作用减弱。事实上，我国已加强法规，要求证券分析师保持客观性并试图解决利益冲突。

同时，一方面，证券分析师发布购买的投资建议可能是有益的。如上所述，分析师面临足够的激励发布买进投资建议和乐观预测（Brown 等，2015）。另一方面，证券分析师发布购买的投资建议可能是有偏的。如果投资者在选择特定推荐交易时评估了分析师建议的整体分布，那么当证券分析师得知自己的整体投资组合被视为乐观偏见，分析师可能会面临再发布一个购买建议的成本，从而对发布购买建议变得犹豫，尽管该股票足够值得推荐。而事实上，券商公司的管理层可能会充分关注投资者的看法或监管关注，以便为分析师提供有关其评级分布的指导和反馈。

2.5.3 证券分析师的团队效应

由于规模较大的券商预计将更多的资金用于建设分析师团队和研究力量，这些券商往往也有望吸引最有经验的分析师。樊铮（2010）关于中国上市公司的研究发现，从业经验、券商规模、努力程度与证券分析师的预测准确度正相关，追踪公司的业务多元化程度与证券分析师的预测准确度负相关。国外的研究发现，证券分析师的预测准确度与其从业经验呈现正相关关系；而伴随其跟踪更多的公司和行业，预测准确性显著降低。经验丰富的分析师的预测更加准确，从而按照其投资建议进行操作的买方机构和投资者可以获得投资收益，最终券商和分析师可以获得高报酬的奖励。

学者利用公司基于知识和能力的观点，探讨明星资深分析师在转向另一家雇主时是否能够保持其业绩（Lee，2009）。分析师行业的薪酬中，成为新财富上榜明星分析师代表着其薪酬的大幅上涨，年薪大多在百万元以上，新财富上榜和新财富未上榜的薪酬差距极大。如果新雇主的能力相对于明星分析师的前雇主并不强，而且如果明星分析师没有带着之前的团队一起换雇主的话，可以发现明星分析师可能会经历多年的表现下降情况。相比之下，明星分析师转向能力更大的公司，或者与原团队成员一起转换雇主的话，其短期绩效和长期绩效均不会下降。该研究发现，强调了公司特定能力和内部社会资本对于明星分析师绩效的重要性。

学者进一步研究表明，在行业层面，当转移到新雇主时，明星分析师如果转换了追踪的行业，对比其他在转换新券商时依然追踪原先熟悉的行业的明星分析师来说，要经历更严重的业绩下降（Groysberg 和 Lee，2009）。同样，如果明星分析师与合作团队一起转换雇主而不是单独行动，这种下降的结果会被有效减缓。在券商层面，当券商雇佣明星分析师时，投资者会有负面反应，这从券商股票价格与其雇佣明星分析师呈现负相关的关系可以看出。但是，与此同时，相较于券商聘用一个分析师团队来说，投资者对个体明星分析师的雇佣似乎有更积极的反应，说明投资者对一个分析师团队的聘用比仅任命一位明星分析师更为严厉。

研究发现，通过探讨研究团队组成的有效性，表明团队中的明星分析师在客户评判团队效率方面的边际收益减少（Groysberg、

Polzer 和 Elfenbein，2011）。具体而言，该研究发现只有当团队由超过 2/3 的明星分析师组成时，团队效率才会受到影响。此外，团队中明星分析师的最佳水平取决于团队中专业知识的相似程度。该研究发现，专业知识相似性越高，团队中明星分析师的最佳表现百分比越低。

Hayward 和 Boeker（1998）研究了这种相互冲突的关系，他们发现分析师为与雇主有投资银行关系的公司提供了更积极的股票推荐。调查结果表明，券商未来将要与其客户达成交易的规模和时间，导致券商的分析师相对于没有这种客户关系的分析师会提出更乐观的建议。相比之下，个人分析师的声誉和其所在研究部门的声誉与较低的评级呈现相关关系，这表明在更有声望的研究部门工作的、更有声望的分析师可能会提供更独立和客观的建议。

2.6 宏观分析师预测的文献回顾

2.6.1 宏观分析师预测的本地优势

研究发现，证券分析师的预测存在本地优势。关于证券分析师的研究中，Malloy（2003）发现，在美国，当证券分析师与其所追踪的公司之间的地理距离增加时，其对所追踪公司的盈余预测准确度呈现反向相关性。也就是说，学者发现本地优势，即在地理上，如果证券分析师与其分析的公司具有地理优势则具有信息优势，表现出更为准确的预测。从一个国际地球村的视角来看，Bae、Stulz 和 Tan（2007）研究发现，本土的证券分析师与其他来自全球 32 个国家的证券分析师所作出的预测相比，由于本土分析师具有地理优势和本地优势，从而对其所追踪公司的新闻和消息能够更加便利地得知，从而预测更加准确。对于在中国境内上市的公司，有学者研究了国内外投资者的投资收益是否存在差异，在使用中国的 A 股和 B 股市场进行检验后发现，由于本土优势和信息优势，相较于境外投资人员，国内的投资人员更易获得高投资回报率（Chan 等，2006）。

学者研究发现预测中国宏观经济数据存在难度，这主要是考虑到中国统计数据真实反映经济形势的可靠性存疑。Korhonen（2011）认为，由于 2005 年对国民账户进行了 16.8% 的修订以及此后进行了其他较小的调整，因此在预测中国未来经济发展时，预测人员面临着可靠性方面的困难选择。关于我国统计局的官方数据的可靠性研究中，学者之所以对中国政府在公布其关键宏观经济指标时的可信度持怀疑态度是因为之前中国没有公布季度官方数据，从而难以解释年度结果的增长来自何处。李冬昕等（2011）研究证券分析师与公司地理距离时发现，当分析师所跟踪的公司其所在地与分析师被雇佣的券商处在同一省份时，同地分析师的预测相较于异地的分析师的准确度有所提高。因此，考虑到“近水楼台先得月”，可能由于券商具有与宏观数据统计部门的社会关系，从而具备获悉宏观数据的途径。

通过对信息传播的途径进行分析，证券分析师一方面通过公开的渠道获取有效信息，另一方面也往往通过建立私有信息渠道辅以纠正，去除公开信息中冗余混杂的噪声信息，提高预测准确度。因此，许多学者根据上述两种信息渠道进行研究：一是研究如果修改公开信息数量和质量等外生因素，会对证券分析师产生怎样的影响；二是研究证券分析师通过私有渠道获取的信息，会对预测产生什么影响。鉴于私有信息传播观测存在研究难度，对于证券分析师预测行为是否受到私有信息获取能力差异的影响，相关的研究还相对不足，目前只能通过建立一些可以反映私有渠道信息获取差异的可观测虚拟变量来分析模拟变量与证券分析师预测行为的相关性。学者研究发现若以证券分析师对某公司发布的盈余预测次数作为分析师经验的虚拟变量，则当证券分析师发布的盈余预测逐渐增多时，表明该分析师的经验不断增加，而与之相呼应的是分析师的预测准确率也随之上升。该结果表明，证券分析师可利用的信息增加时，其预测误差会显著下降。

2.6.2 宏观分析师预测的预测偏误

宏观经济的运行情况数据对资本市场具有十分重大的指示意义，既可以通过宏观经济指标影响债券市场收益率，又可以反映政府未来政策的调整方向。Batchelor（2007）发现，经济专家的预测存在系统偏误。利用权威的经济预测数据，以往研究已经证明，中国的宏观经济预测存在系统性误差，这与上一年度的预测偏差有关，且呈现出周期性特点（夏纪军和康健，2009）。方军雄等（2015）研究发现，宏观数据的采集和汇总具有滞后性，通过结合会计盈余汇总可以更好预测 GDP 增长率，而宏观分析师的预测偏差可能来自其未利用市场上的会计盈余信息。张涛和刘宽斌（2018）认为，应该结合大数据弥补修正传统的预测模型并不断优化宏观预测质量，可以克服虚假周期带来的偏误，对于失业率、社会宏观消费问题可以结合百度指数、谷歌趋势等数据进行分析。

预测中国关键的宏观经济变量需要采用不同的方法。由于中国身处经济转型期，正在进行结构性变革，研究发现，相关宏观经济指标的数值随着时间的推移发生了翻天覆地的变化。研究建议，优化研究预测模型，除参考国外常用的十几种经济变量外，还要引入具有中国特色的权重来更好刻画和预测中国经济。此外，由于中国经济高速发展的需要，中国宏观分析师们在进行经济数据宏观预测的过程中，尤为注重稳定经济增长的信心。

与此同时，尽管在不断尝试优化预测模型，但是依然存在不足。张劲帆等（2018）尝试在混合频率的基础上优化向量自回归模型，利用模型对中国宏观经济的数据进行预测，试图实现更高准确度的预测。刘汉和刘金全（2011）采用高频和超高频数据优化混合频率预测模型，预测中国经济的季度数据。除此之外，还有通过加入会计信息、金融指标、其他经济运行数据拟合（郑挺国和尚玉皇，2013），使得模型预测结果与真实值更加接近。以上均说明预测宏观经济指标是存在偏误和面临难度的。

2.6.3 宏观分析师预测的社会关系

宏观经济指标对于资本市场有重要意义，若能够先一步获得宏观经济指标，便能提升信息优势，从而获得收益。如前文所述，宏观分析师会对宏观经济指标进行预测，包括 GDP、CPI、PPI、进出口额、货币发行量、固定资产投资、工业增加值等。之所以需要预测是因为资本市场对宏观经济指标的反应，投资者可以利用经济指标所揭示的投资预期进行买卖，从而获利。但是，在未披露之前这些数据基本都属于涉密数据。按照我国保密法的相关规定，国家机密或国家秘密的泄露会对我国的国家安全和利益造成无法估量的伤害。然而，宏观经济指标作为国家秘密，却时有提前泄露的流言蜚语。经济安全案件侦办机关披露的案情显示，关于经济数据的泄密案 8 人获刑。与世界上其他国家的做法类似，国家的经济统计数据会先经过宏观经济决策部门的分析研究之后，才会正式发布。这之中，包括数据的统计分析环节在内的宏观数据流转过程中的各个环节及相关部门，均存在数据的提前泄密可能性。尽管相关部门加强监管制度和宏观数据的保护措施，但是宏观经济指标的数据从生产到发布之间存在时间差，这为宏观数据泄露带来可能。

Dane M. Christensen 等（2017）研究发现，分析师会通过政治关系获得有价值的信息，诸如立法信息，从而分析师会根据获得的信息发布更加积极的投资评级从而获利。Daniel Bradley 等（2018）观测到政策分析师会分析监管和立法发展，并为券商的分析师和机构客户提供与政策相关的研究，这些分析师的研究报告更多地注入了政治内容，更有可能在行业相关的国会法案通过之后以及在管理层讨论政治风险因素的收益电话会议之后进行修订。Neil Pollock等（2015）研究发现，分析师的预测受益于分析师会议，通过探讨分析师如何通过与会议受众的互动和激发反应来衡量他们的知识效用。正如前文所提及的分析师与相关部门的社会关系，《经济参考报》曾报道称，在宏观经济数据泄露案件的查处过程中，往往发现宏观经济数据的泄密者通常是职级不高的人员，其安全保密意识不足，但却由于工作的相关性，都能够较早接触到宏观经济数据。虽然提前泄露宏观经济指标数据的可能性存在，但是其从政府部门泄露到券商机构的途径，进而被泄露到资本市场的途径并不十分明确。可能是通过非官方的私下场合，包括聚会、聚餐等，也可能是相关部门在参与论坛沙龙等会议时泄露。

2.7 宏观政策与分析师预测的文献回顾

2.7.1 政策不确定性与证券分析师

股票分析师作为信息中介，通过解释与公司、行业和经济相关的公共信息，以及开发私人信息来预测未来，在资本市场中发挥着重要作用并提出股票建议。投资者依赖分析师的研究报告、股票推荐和预测作为信息来源，为投资决策提供依据。在不确定性加剧时，信息中介的作用会更加重要，因为投资者可能更难解读与公司、行业和经济相关的公共信息。高度不确定性意味着公共信息不太精确，这促使投资者对分析师的信息需求。同样，Frankel、Kothari和Weber（2006）认为，高度不确定性刺激了对信息分析研究的需求。

然而，不确定性也会影响分析师提供收益预测的意愿。分析师通过其预测能力获得相应的薪酬回报（Irvine，2004），特别是在及时性和准确性方面获得奖励（Ramnath 等，2008）。但是，高度的不确定性会影响分析师提供及时准确预测的能力。分析师必须平衡投资者对及时相关信息的需求和不准确的高风险。事实上，当不确定性较高时迅速进行分析会提升提供不准确预测的风险，因此，为了作出准确的预测，可以选择等待额外信息或进行额外分析（Ramnath 等，2008）。

虽然等待在准确性方面是有益的，但它也会对投资者关于分析师能力的看法产生负面影响。这是因为市场重视及时性和准确性。学者发现，团队的首席分析师所进行的预测修订被定义为提供及时预测的分析师，投资者对其的价格反应高于对跟随者分析师的价格反应，尽管 Mozes（2003）发现及时预测不太准确。当不确定性很高时，投资者对及时信息的需求可能会增加，从而给分析师带来压力，要求他们更快地对新闻作出反应。因此，当不确定性较高时，分析师可能会发布更频繁的预测。

研究发现，在其他条件相同的情况下，当不确定性较高时，分析师可以通过提供更及时但不太准确的预测来应对投资者对信息的需求增加。另外，由于更高的不确定性可能会使发布准确的预测变得更加困难，分析师可以利用额外的时间收集信息或进行额外的分析来保持预测的准确性。高度的不确定性也会降低准确性，因为增加私人信息的分量和减少新信息的分量会更加严重。此外，如果不确定性增加了分析师的悲观情绪，这可能会导致发布预测的延迟（Barron、Byard 和 Liang，2013）。

2.7.2　宏观预测与证券分析师预测

学者指出分析师对宏观经济消息反应不足，特别是在经济下滑时（Goedhart 等，2010；Schwartz 和 Dash，2011）。Ackert 和 Hunter（1995）研究了从 1984 年到 1990 年的 3640 次分析师预测，发现分析师的预测在 GNP 新闻方面效率低下。Darrough 和 Russell（2002）将个人分析师的汇总预测与策略分析师对总收益的预测进行比较，发现分析师比策略分析师更乐观。学者发现分析师的盈余预测在预期的通货膨胀方面是低效的（Bast 等，2010）。同时，有学者将总体盈余预测和市场预测的 GDP 预测视为宏观经济信息的竞争来源，评估这两个来源包含共同信息的信息含量，分析研究每个预测来源相对于另一个来源的效率以及市场对每个预测来源的反应（Hann 等，2012）。

证券分析师的文献一般认为证券分析师对新信息反应不足。Zhang（2006）发现，分析师过度关注自己的私人信息，而忽视将新信息考虑进其投资分析中。这表明，当不确定性更高时，分析师更大可能会对忽略新消息或对之反应不足。与此相一致，很多学者均发现了分析师对股价变化反应不足的结论，甚至发现分析师对企业收益新闻反应不足。Hugon 等（2015）的研究发现，当证券分析师被同一家证券公司同时雇佣为活跃的宏观经济研究员时，能够部分消除这种低效率情形，这种效应在周期性强和规模较小的企业中更为明显。进一步研究发现，能够接触更多权威或者屡获殊荣的宏观经济研究员的那些证券分析师获益更多。

2.8 本章小结

在制度背景方面，本章主要介绍了以下内容：（1）证券分析师在资本市场中的角色。（2）从宏观分析师进行宏观预测的工作出发，梳理了宏观分析师对资本市场各方的作用，包括积极影响和消极影响，回答了选择中国资本市场为研究背景的原因。（3）整理总结了相关理论，并以此为出发点为后文的实证研究提供制度背景和理论基础。

在文献回顾方面，本章从宏观分析师的预测和证券分析师的预测出发对相关研究进行综述。通过回顾文献可知，投资者依赖证券分析师的研究报告、股票推荐、收益预测和其他财务报表项目作为信息来源，为投资决策提供依据。文献表明，在宏观经济走势不明朗、宏观政策不确定性加剧的时候，证券分析师的作用可能会更加重要，因为投资者可能更难解读与公司、行业和经济相关的公共信息，需要分析师的研究报告用于估值和投资决策。通过文献梳理可知，在预测公司盈余和推荐评级时，证券分析师需要考虑宏观方面的信息。进一步，在证券分析师预测能力的研究中，学者发现分析师的预测能力与个人的水平有关且差异较大。有研究发现，证券分析师的研究依赖于内部券商和同券商的其他分析师，券商层面的能力和内部资本对于证券分析师尤为重要，这为本书后续的研究奠定了文献基础。

综上所述，基于目前国内外的研究成果，本书对关于证券分析师和宏观分析师的研究成果和进展进行了系统的梳理分析。在此过程中研究发现，国内关于宏观分析师对证券分析师影响的研究较少。特别是，以往的研究并未深入分析宏观分析师对证券分析师的影响存在性、宏观分析师能否影响证券分析师的政策敏感性，也未探讨宏观分析师对证券分析师影响的经济后果。因此，有必要对宏观分析师影响证券分析师这一问题进行深入的实证研究，为本书的实证研究的必要性提供支持。

第3章 宏观分析师预测

3.1 本章引言

本书研究的贡献在于手工整理后获得了百余家券商的宏观分析师预测数据，因而，本书打破了以往的研究局限。以往关于宏观预测的研究主要围绕宏观预测数值进行分析，夏纪军和康健（2009）采用权威发布的《经济蓝皮书》数据研究预测偏误和影响因素。罗宏等（2016）利用北京大学发布的“朗润预测”数据研究会计信息的宏观预测价值，探讨宏观分析师利用会计信息的影响因素。张涛和刘宽斌（2018）认为，应该结合大数据弥补修正传统的预测模型，不断优化宏观预测质量。与前文所不同的是，本书选用的数据均来自手工收录，包含市场上所有宏观预测的预测数据，可以进一步探讨投资者和券商内部证券分析师的相关关系，该数据为研究的可行性打下基础。与此同时，该数据的独特性还体现在数据包含宏观预测的发布时间，可以与证券分析师的发布时间联系起来探讨宏观分析师对证券分析师的影响。该数据巧妙地解决了以往研究的困境，拓展了研究话题的广度与深度。

为更好理解宏观分析师的角色和特征，首先，本章明确了宏观分析师预测的定义与衡量方法。其次，针对特有的宏观分析师预测数据，详细介绍获得方法和处理步骤，并对数据进行全面的描述性统计分析，具体包括宏观预测的指标类型分布、预测年份分布、合作方式分布、预测形式分布、预测跨度分布、报告频数分布和预测频数分布。最后，考虑到境内外宏观分析师的预测存在差异的可能性，对预测准确度和乐观偏好进行检验分析。

本章的研究意义包括以下四点：（1）梳理了宏观预测的定义与衡量方式，为后文的实证检验奠定可行性。（2）采用手工收集的方式，获得宏观分析师预测的各项指标数值和发布时间数据，拓展了宏观分析师预测的研究话题，为与证券分析师相关的实证回归奠定基础。（3）本章系统分析了宏观分析师的预测行为，包括宏观预测的指标类型、年份、合作方式、预测形式、跨度、频数等，从而有助于对宏观预测建立起全面、深入的了解与认识。（4）围绕境内外券商的宏观预测差异进行检验分析，对正确理解境内和境外宏观分析师的预测能力有启示作用。

本章共包括 5 个小节。除本部分外，第二部分系统解释了宏观分析师预测的研究设计，包括宏观预测的定义及衡量方式；第三部分介绍了本书研究数据的手工整理方法；第四部分围绕宏观分析师预测的概况进行描述性统计，对宏观预测建立全方位的认识，并针对境内外券商的差异进行检验分析；最后一部分对全章的研究结果进行总结。

3.2　宏观分析师预测的研究设计

3.2.1　宏观分析师预测的定义

券商的宏观分析师通过撰写宏观研究报告传递自己的研究观点。通过承担宏观经济分析预测、大类资产配置研究的工作，为资本市场的各方参与者提供方向性的判断和背后的逻辑推导，体现其智力支撑的作用，从而服务券商的买方客户，赚取交易佣金。同时，宏观分析师可以为提升券商的知名度提供支持，比如知名首席经济学家在经济论坛发表研判引起热会广泛讨论等。

如前文所述，宏观分析师会对宏观经济指标进行预测，包括GDP、CPI、PPI、进出口额、货币发行量、固定资产投资、工业增加值等。之所以需要预测是因为资本市场对宏观经济指标的反应，投资者需要智囊、专家们对中国经济增长和金融市场发展的解读，通过利用经济指标所揭示的投资预期进行买卖，从而获利。事实上，不同分析师的预测往往各不相同，宏观经济学家的看法有高见也有吸引眼球的论断。

综合来看，目前经过中国证券监管部门审批的机构近 150 家，其中雇佣宏观分析师团队或者设置研究所的券商会发布宏观分析报告。宏观分析师报告的频率和类型，包括每天的日报、每周的周报、每月的月报以及每季度的季度报告，宏观分析师的报告发布频次高，定期更新意见并对以往预测进行修正，因而需要相当的事件投入以完成工作量。宏观分析师的报告主题分为三类，第一是对当下经济形势，特别是 GDP 等宏观经济指标的预测，对股票与债券市场的发展趋势进行分析，并揭示相关风险；第二是针对国内外发生的重大时事事件和国际上的重要调整进行专题分析，结合全球的背景信息进行分析；第三是围绕近期的政策改革热点、即将召开的经济类会议等进行政策的梳理与预判。

本书通过手工整理，得到独特的研究数据，通过分析 2010 年以来各证券公司宏观分析师的研究报告，在保证数据可得的前提下，获得本书的研究标的——宏观分析师对经济指标的预测。

3.2.2 宏观分析师预测的衡量

宏观分析师在研究报告中进行宏观经济指标的数量化预测。但是，目前关于宏观分析师的研究较少的原因是数据的不可获得性。正如前文所述，宏观分析师需要维护客户关系，传播其关于宏观经济形势和资产配置比例的观点，并答疑解惑，故而其研究报告的工作也面向买方机构。因而，其宏观分析报告对于市场来说并不完全可得。本书通过综合各平台的宏观分析师报告，并进行手工整理，获得宏观分析师关于宏观经济指标的预测数据。

本书利用手工整理的独特数据进行实证回归研究，解决了以往研究的困难。以往多采用问卷形式，面向 30 余家券商以及宏观分析机构的首席经济学家等进行经济形势预判的调研，并将其预测的均值向市场公布，从而形成市场信心指数。例如，第一财经的首席经济学家指数和北大朗润经济学家预测指数。

进而，本书选用宏观分析师的报告中对宏观经济指标的预测值，构建宏观分析师的预测准确度、乐观偏好等变量。在乐观偏好方面，借鉴证券分析师的盈余预测与跟踪公司的实际盈余之间的预测误差方法，同时用真实值平减。本书用 FB，即预测值与真实值之差来衡量宏观分析师的预测是否有偏，FGDP 表示宏观分析师对宏观经济指标的预测，RGDP 表示真实的宏观经济指标值。若结果为正，即预测值大于实际值，说明分析师的预测有正向偏好，也就是说，分析师更乐观；若结果为负，即预测值小于实际值，说明分析师的预测有负向偏好，也就是说，分析师更悲观。在准确度方面，同样借鉴证券分析师的方法，将预测值与实际值进行相减，并取绝对值，同时用真实值平减，得到分析师的预测准确度。用 FA，即预测值与真实值之差的绝对值来衡量宏观分析师的预测是否准确，如此计算的原因是能够消除当年宏观经济形势变动导致的不可比性，从而可以横向纵向比较。其计算公式如下：

$$FB = (FGDP - RGDP)/RGDP \tag{3-1}$$

$$FA = |FGDP - RGDP|/RGDP \tag{3-2}$$

3.3　宏观分析师预测的数据

本书的宏观预测数据摘录自宏观分析师的研究报告，该宏观分析师报告数据为手工数据，具体包括：预测宏观经济指标的类型、预测的券商机构、预测的宏观分析师人员、对宏观经济指标数值的预测、宏观分析师发布报告的日期、其预测的宏观经济指标的年度等。宏观分析师的研究报告包括周报、月报和年度报告等形式。受数据完整性的限制，考虑到我国宏观分析师的发展与演进，在2010年后逐步进入稳步发展的阶段，因而，样本的时间范围是从2010年1月1日至2015年12月31日。借鉴以往学者关于宏观经济指标预测的研究，本书选择宏观分析师对GDP指标预测的数据，包括年度GDP、季度GDP和季度GDP累计。

关于宏观预测的数据，以往研究多采用的预测数据来源有美联储“绿皮书”预测、北京大学中国经济研究中心的朗润预测、中国“经济蓝皮书”等。虽然以上数据足够支撑以往的研究并得到科学可靠的研究结论，但是正如前文所述，宏观分析师的研究报告有年报、季报、月报和周报等形式。为了更精确获得宏观报告的影响和经济后果，需要具体的发布日期、研究机构、宏观分析师姓名和预测调整等信息。本书通过手工整理获得的数据，恰巧补充了时间和以往的预测，巧妙解决了目前研究中的困境，为扩展研究领域奠定数据基础。

参考Wei Jiang等（2016）的研究方法，构建宏观分析师热度数据，通过手工整理而得。具体方法是，按照分析师姓名和所在券商等关键词在互联网进行搜索，从而获得该年度的新闻资讯条数，按年度、分析师的结构进行整理。宏观经济指标的真实值和公布情况来自国家统计局每月、每年度的报告。券商排名、券商的佣金收入、总资产等数据来自证券从业协会官网的公告。其中，关于证券公司的评级数据，本书通过手工梳理而得。每年由证券监管部门对其合规管理水平和风险控制能力进行整体状况的判断，并公开综合性的评级结果①，从A

① 类别、级别划分仅可反映公司风险管控能力的相对水平（《证券公司分类监管规定》，2010）。

到 E 的评价结果，从安全到危险，表明券商的潜在风险超过其可承受能力的概率，是对券商进行风险处置的提示。

在分析师层面，宏观分析师和证券分析师是否被评为明星分析师的数据来自新财富官方网站。新财富杂志每年定期举办评选[①]，通过买方机构、基金公司、保险公司等投票后得到当年度的明星分析师，专设“宏观经济”板块。分析师的个人特征，包括年龄、学历背景、工作经验、行业专长、工作努力程度、预测准确度、预测偏好、投资评级更新等数据，通过 WIND 数据库和 CSMAR 数据库并加以计算而得。券商层面和分析师所追踪公司层面的其他相关数据均选用 WIND 和 CSMAR 数据库。

本书对回归的数据均进行了以下所示的处理操作：（1）对报告发布日期和分析师姓名等指标缺失的相关异常样本进行了删除；（2）对样本数据变量的上下 1% 分位极端值进行 Winsorize 截尾处理。

3.4　宏观分析师预测的描述性统计

总体来说，通过手工整理，本书得到 5286 份宏观研究报告，包含 20704 次宏观分析师对 GDP 数据的预测信息，其中，境内券商的宏观预测达 11260 次。从研究机构来说，共有 112 家券商，其中有 73 家券商来自境内；从发布年份来说，研究报告发布年份为 2010—2015 年；从预测指标来说，GDP 的指标共三种，分别是年度 GDP、季度 GDP 和季度 GDP 累计。进而分别通过宏观分析师预测的指标类型分布、预测年份分布、合作方式分布、预测形式分布、预测跨度分布、报告频数分布和预测频数分布进行统计描述。

① 新财富分析师评选于 2018 年进行调整，并不对本章研究造成影响。

3.4.1 宏观预测的指标类型分布

表 3 – 1 展示的是对宏观分析师所预测的宏观经济指标类型的描述性统计结果，分别统计季度 GDP、季度 GDP 累计和年度 GDP 的预测次数，以及各类型指标预测数占该年度所有预测数总量的所占比例。从中可以看出，在 20704 次预测中，关于季度 GDP 的预测数有 6937 次，占比 33.5%；季度 GDP 累计的预测数有 7552 次，占比 36.5%；年度 GDP 的预测数有 6215 次，占比 30.0%。从比例上来说较为均衡。Panel A 展示了 GDP 经济指标的预测年分布，Panel B 展示了 GDP 经济指标的发布年分布。

表 3 – 1　　宏观分析师预测宏观经济指标的类型分布

Panel A：预测年

年份	季度 GDP	比例	季度 GDP 累计	比例	年度 GDP	比例	GDP 总计
2010	438	0.366	410	0.343	348	0.291	1196
2011	678	0.310	817	0.374	691	0.316	2186
2012	1309	0.346	1350	0.356	1129	0.298	3788
2013	1423	0.365	1357	0.348	1114	0.286	3894
2014	1575	0.356	1574	0.356	1271	0.288	4420
2015	1212	0.332	1362	0.373	1078	0.295	3652
2016	278	0.218	545	0.427	453	0.355	1276
2017	19	0.126	69	0.457	63	0.417	151
2018	5	0.060	39	0.470	39	0.470	83
2019	0	0.000	21	0.500	21	0.500	42
2020	0	0.000	6	0.500	6	0.500	12
2021	0	0.000	1	0.500	1	0.500	2
2022	0	0.000	1	0.500	1	0.500	2
总计	6937	0.335	7552	0.365	6215	0.300	20704

续表

Panel B：发布年							
年份	季度 GDP	比例	季度 GDP 累计	比例	年度 GDP	比例	GDP 总计
2010	627	0.353	638	0.359	510	0.287	1775
2011	687	0.277	972	0.391	825	0.332	2484
2012	1455	0.347	1494	0.356	1244	0.297	4193
2013	1373	0.354	1364	0.352	1142	0.294	3879
2014	1661	0.346	1739	0.362	1403	0.292	4803
2015	1134	0.318	1345	0.377	1091	0.306	3570
总计	6937	0.335	7552	0.365	6215	0.300	20704

从表 3－1 的 Panel A 的结果来看，关于年度 GDP 的预测从样本的 2010 年开始至 2022 年为止，每年均有预测。从预测数来说，2012 年度至 2015 年度的 GDP 预测较多，这与之前的统计结果相类似。然而，具体细分类型来看可知，关于季度 GDP 的预测最多的是 2014 年和 2013 年，关于季度 GDP 累计的预测最多的是 2014 年和 2015 年，关于年度 GDP 的预测最多的是 2014 年和 2012 年。从关于某类型 GDP 的预测数占当年预测数的比例来说，季度 GDP 的预测最多的是 2013 年的 36.5%，季度 GDP 累计的预测最多的是 2019 年的 50.0%，年度 GDP 的预测最多的是 2019 年的 50.0%。这说明，关于不同类型的 GDP 的预测，其年份分布不同，即并不是每一份报告中宏观分析师都会对每一种类型的 GDP 进行预测，以及并不是每一份报告中宏观分析师均会对当年度和未来年度的每一种类型的经济指标进行预测。

从表 3－1 的 Panel B 呈现的统计可知，从关于三种类型 GDP 指标的预测数来说，关于季度 GDP 的预测发布年度最多的是 2014 年和 2012 年，关于季度 GDP 累计的预测发布年度最多的是 2014 年和 2012 年，关于年度 GDP 的预测发布年度最多的是 2014 年和 2012 年，三种类型的结果相一致。从关于某类型 GDP 的预测数占当年预测数的比例来说，关于季度 GDP 的预测发布年度最多的是 2013 年，占比 35.4%；关于季度 GDP 累计的预测发布年度最多的是 2015 年，占比 37.7%；关于年度 GDP 的预测发布年度最多的是 2011 年，占比 33.2%。这说明，关于季度 GDP、季度 GDP 累计和年度 GDP 的预测分布较均衡。同时，对于市场来说，在新闻报道和分析师的标题中能看到年度 GDP 占比更多，后文选择年度 GDP 为代表进行分析。

3.4.2 宏观预测的年份分布

表 3-2 统计了境内外券商发布报告的年份分布。从中可以看出，在 20704 次预测中，来自境内券商的预测共有 11260 次，来自境外券商的预测共有 9444 次，比例上来说较为均衡。Panel A 展示了 GDP 经济指标的预测年分布，Panel B 展示了 GDP 经济指标的发布年分布。

表 3-2　境内外券商发布预测年份分布

Panel A：预测年

年份	境内券商	境外券商	券商总计	比例
2010	277	919	1196	0.058
2011	782	1404	2186	0.106
2012	1732	2056	3788	0.183
2013	2055	1839	3894	0.188
2014	2427	1993	4420	0.213
2015	2664	988	3652	0.176
2016	1067	209	1276	0.062
2017	131	20	151	0.007
2018	79	4	83	0.004
2019	38	4	42	0.002
2020	8	4	12	0.001
2021	0	2	2	0.000
2022	0	2	2	0.000
总计	11260	9444	20704	1.000

续表

Panel B：发布年				
年份	境内券商	境外券商	券商总计	比例
2010	547	1228	1775	0.086
2011	1036	1448	2484	0.120
2012	2081	2112	4193	0.203
2013	1938	1941	3879	0.187
2014	3050	1753	4803	0.232
2015	2608	962	3570	0.172
总计	11260	9444	20704	1.000

从表 3－2 的 Panel A 中可以看出，宏观分析师预测的 GDP 经济指标的年份从 2010—2022 年，与证券分析师对公司 EPS 预测相一致，宏观分析师会对当年的 GDP 以及多年后的 GDP 进行预测。从比例上来看，2014 年的预测数据占 21.3%，2013 年的预测数据占 18.8%，2012 年的预测数据占 18.3%，2015 年的预测数据占 17.6%，说明数据较集中在 2011—2015 年。在预测年份为 2010—2012 年的 GDP 预测数据中，来自境内券商的预测数少于来自境外券商的预测数。而从 2013 年开始出现反转，一直持续到 2020 年，来自境内券商的预测数多于来自境外券商的预测数。这说明，境内券商的宏观分析师在工作强度和努力程度上有所发展，宏观分析师行业得到了发展。

从表 3－2 的 Panel B 中可以看出，宏观分析师预测的 GDP 经济指标的发布年份从 2010—2015 年，从比例上来看，2014 年的预测数据占 23.2%，2012 年的预测数据占 20.3%，2013 年的预测数据占 18.7%，2015 年的预测数据占 17.2%，2011 年的预测数据占 12.0%，2010 年的预测数据占 8.6%，说明 2012—2015 年的预测所占比例更多。特别是 2014 年和 2015 年，来自境内券商的预测发布数明显多于来自境外券商的预测数，说明中国宏观分析师团队的卓越进步，以及资本市场对境内券商的分析报告充满需求。

表3－3展示的是境内券商和境外券商的宏观分析师所预测宏观经济指标的年份分布的描述性统计结果，从中可以看出，在20704次预测中，年度GDP、季度GDP和季度GDP累计预测分年度的占比以及境内外券商宏观分析师的预测数分年度的不同。Panel A展示了年度GDP经济指标的报告年分布，Panel B展示了季度GDP经济指标的报告年分布，Panel C展示了季度GDP累计经济指标的报告年分布。

表3－3　　境内外券商预测宏观经济指标的年份分布

Panel A：年度GDP报告年				
年份	境内券商	境外券商	券商总计	比例
2010	179	331	510	0.082
2011	393	432	825	0.133
2012	673	571	1244	0.200
2013	611	531	1142	0.184
2014	953	450	1403	0.226
2015	842	249	1091	0.176
总计	3651	2564	6215	1.000
Panel B：季度GDP报告年				
年份	境内券商	境外券商	券商总计	比例
2010	159	468	627	0.090
2011	207	480	687	0.099
2012	633	822	1455	0.210
2013	612	761	1373	0.198
2014	954	707	1661	0.239
2015	766	368	1134	0.163
总计	3331	3606	6937	1.000

续表

Panel C：季度 GDP 累计报告年				
年份	境内券商	境外券商	券商总计	比例
2010	209	429	638	0.084
2011	436	536	972	0.129
2012	775	719	1494	0.198
2013	715	649	1364	0.181
2014	1143	596	1739	0.230
2015	1000	345	1345	0.178
总计	4278	3274	7552	1.000

从表 3－3 的 Panel A 的结果来看，在 6215 次关于年度 GDP 的预测中，境内券商的预测为 3651 次，而境外券商的预测为 2564 次。2012 年至 2015 年关于年度 GDP 的预测较多，均占年度 GDP 预测数总计的 20% 左右；其中，2014 年的年度 GDP 预测数占比最高，达 22.6%，其次为 2012 年的预测，占比 20.0%。从境内外券商来看，境内券商在 2010 年和 2011 年较境外券商的预测数更少，然而从 2012 年开始至 2015 年，境内券商的预测数大于境外券商，且差异越来越大。这与前文的表格相一致，体现了宏观分析师行业的发展历程。

从表 3－3 的 Panel B 呈现的统计可知，在 6937 次关于季度 GDP 的预测中，境内券商的预测为 3331 次，而境外券商的预测为 3606 次。关于季度 GDP 的预测，从年度分布来看，2012 年至 2015 年的预测较多，占比均在季度 GDP 预测数总计的 20% 左右，这与年度 GDP 预测的结果相类似。其中，2014 年的季度 GDP 预测数占比最高，达 23.9%，其次为 2012 年的预测，占比 21.0%。从境内外券商来看，境内券商在 2010 年至 2013 年较境外券商的预测数更少，且这种差距随着年份越来越小；然而从 2014 年开始至 2015 年，境内券商的预测数大于境外券商，且差异越来越大。相较于前文的年度 GDP 预测来看，境内外的差异结果不同。

从表 3－3 的 Panel C 中可以看出，在 7552 次关于季度 GDP 累计的预测中，境内券商的预测为 4278 次，而境外券商的预测为 3274 次。关于季度 GDP 累计的预测，从年度分布来看，2012 年至 2015 年的预测较多，占比均在季度 GDP 累计预测数总计的 20% 左右。其中，2014 年的季度 GDP 累计预测数占比最高，达 23.0%，其次为 2012 年的预测，占比 19.8%，这与前文的结果相类似。从境内外券商来看，境内券商在 2010 年和 2011 年较境外券商的预测数更少，且这种差距随着年份越来越小；然而从 2012 年开始至 2015 年，境内券商的预测数大于境外券商，且差异越来越大。可以看出，季度 GDP 累计的结果与年度 GDP 的预测最相似，说明宏观分析师在进行预测时，分析师报告中关于季度 GDP 累计和年度 GDP 的预测相伴随。

3.4.3 宏观预测的合作方式分布

宏观分析师撰写报告时，采取小组发布报告和独立发布报告两种方式。采用何种方式与该券商的宏观分析师团队力量有关，受限于雇佣的宏观分析师人数以及研究分工的不同，不同券商采用不同的人员组合。表 3－4 呈现了宏观分析师发布宏观报告的人员分布部分宏观报告未标明作者情况。从表 3－4 中可以看出 18824 次预测中，采用独立撰写的预测共 4080 次，采用团队撰写的预测共 14744 次。这说明，采用团队合作的方式是券商更多采用的方式。

表 3－4　　分析师发布报告的合作方式分布

报告年	独立撰写	比例	团队撰写	比例	预测数总计
2010	685	0.403	1016	0.597	1701
2011	598	0.271	1609	0.729	2207
2012	766	0.203	3011	0.797	3777

续表

报告年	独立撰写	比例	团队撰写	比例	预测数总计
2013	741	0.200	2965	0.800	3706
2014	757	0.175	3569	0.825	4326
2015	533	0.172	2574	0.828	3107
总计	4080	0.217	14744	0.783	18824

在独立撰写的预测中，按发布年度来看，2010 年的预测数占比最高，达 40.3%，从 2011 年开始至 2015 年，伴随时间的推移其占预测总数的比例越来越低。在更普遍采用的团队撰写方式中，按发布年度来看，2010 年的占比最低，为 59.7%，伴随着时间采用团队撰写宏观报告的占比越来越高，到 2015 年达到 82.8%。以上的结果说明了伴随着宏观分析师团队和券商研究所能力的发展，在时间纵向上来看更多转向团队撰写的方式撰写宏观经济指标的预测。

3.4.4　宏观预测的预测形式分布

宏观分析师撰写报告时，采用点预测（包括最大值预测和最小值预测）以及区间预测的两种预测形式。表 3 – 5 展示了境内券商和境外券商在预测宏观经济指标时采用点预测和区间预测的分布特点。在 Panel A 中呈现了境外券商的预测范围的类型分布，在 Panel B 中呈现了境内券商的预测范围的类型分布。从表 3 – 5 的 Panel A 中可以看出，境外券商 11260 次预测中，区间预测有 84 次，占比 0.75%；点预测的最小值预测有 35 次，占比 0.31%；点预测的最大值预测有 11141 次，占比 98.94%。从整体来看，更多采用点预测的最大值预测方式，例如，预计 2015 年的年度 GDP 增长不超过 7.5%。研究显示，采用最大值预测的方式，其呈现的预期和给市场带来的判断更加乐观。这说明，分析师的预测较偏向积极的预测态度，同时，较少采用区间预测的形式，说明市场对模糊预测的更不偏好，从而分析师在报告中极少采用区间预测的形式。

表 3-5 境内外券商预测范围的类型分布

报告年	区间预测	比例	最小值预测	比例	最大值预测	比例	预测数总计
Panel A：境外券商							
2010	30	0.0548	2	0.0037	515	0.9415	547
2011	10	0.0097	12	0.0116	1014	0.9788	1036
2012	17	0.0082	15	0.0072	2049	0.9846	2081
2013	9	0.0046	6	0.0031	1923	0.9923	1938
2014	16	0.0052	0	0.0000	3034	0.9948	3050
2015	2	0.0008	0	0.0000	2606	0.9992	2608
总计	84	0.0075	35	0.0031	11141	0.9894	11260
Panel B：境内券商							
报告年	区间预测	比例	最小值预测	比例	最大值预测	比例	预测数总计
2010	36	0.0293	17	0.0138	1175	0.9568	1228
2011	59	0.0407	22	0.0152	1367	0.9441	1448
2012	55	0.0260	22	0.0104	2035	0.9635	2112
2013	91	0.0469	4	0.0021	1846	0.9511	1941
2014	107	0.0610	1	0.0006	1645	0.9384	1753
2015	37	0.0385	0	0.0000	925	0.9615	962
总计	385	0.0408	66	0.0070	8993	0.9522	9444

在报告年度来看，2010 年至 2015 年，境外券商分析师普遍采用最大值预测，其占比均高于 94%，且随着年份变化而不断增长，在 2015 年达到 99.92%，说明最大值预测在券商选择中的普遍性越来越大。而区间预测和最小值预测反而随着时间越来越少，二者相比来说，采用区间预测的次数高于采用最小值预测的次数，2014 年和 2015 年最小值预测占比为 0。

根据表 3-5 的 Panel B 呈现的统计可知，境内券商 9444 次预测中，区间预测有 385 次，占比 4.08%；点预测的最小值预测有 66 次，占比 0.7%；点预测的最大值预测有 8993 次，占比 95.22%。结果与 Panel A 相似，整体来看，更多采用点预测的最大值预测方式。虽然区间预测的形式依然占比较低，但是相对于境外券商来说，境内券商采用更加保守、模糊的区间预测的比例更高。这与中国传统文化中的中庸思想以及境内券商宏观分析师的研究实力相符。在报告年度来看，境内券商分析师所采用的预测范围类型与境外券商所不同的是，从 2010 年至 2014 年区间预测的预测数越来越多，2014 年占比最高，达到 6.1%；最小值预测随着时间越来越少，二者相比来说，采用区间预测的次数高于采用最小值预测的次数，2015 年最小值预测占比仅为 0。与境外券商分析师的预测范围相类似，2010 年至 2015 年，均普遍采用最大值预测，其占比均高于 93%，但是其比例变化并不随着年份变化而不断增长，而是不断起伏变化的，特别是在 2014 年占比在各年中最小，达到 93.84%。说明最大值预测在券商选择中的普遍性一直存在，但有所波动。

3.4.5　宏观预测的跨度分布

宏观分析师撰写报告时需要对本年度和以后年度的宏观经济指标进行预测，因而对指标预测时存在年份跨度的不同。预测跨度，即宏观分析师发布预测年与其预测指标年度的差值。表 3 - 6 展示了宏观分析师在预测宏观经济指标时不同预测跨度的年度分布。从预测跨度来看，从 -1 到 9 均存在。预测跨度为 -1，表示预测发布较指标年度晚一年，由于国家统计局在发布宏观经济数据时，需要计算时间和统计过程，以年度数据为例，其公布时间大约在指标年度第二年的 1 月 20 日前后，因而出现预测跨度为 -1 的情况。预测跨度为 9 的则极为少见，出现在较长范围的预测。

表 3-6　　分析师预测指标的跨度分布

预测跨度	预测数	预测总计	比例
-1	438	20704	0.0212
0	13267	20704	0.6408
1	6201	20704	0.2995
2	585	20704	0.0283
3	105	20704	0.0051
4	78	20704	0.0038
5	18	20704	0.0009
6	4	20704	0.0002
7	4	20704	0.0002
8	2	20704	0.0001
9	2	20704	0.0001

整体来看，在 20704 次预测中，当年预测（即预测跨度为 0）的预测数最多，多达 13267 次，其比例高达 64.08%。除了跨度为 1 的预测占比为 29.95%外，其他跨度的预测占比均低于 3%，甚至接近 0。从预测跨度来看，随着预测跨度数的增大，预测数越少。以上结果说明，宏观分析师在进行宏观经济指标的预测时与证券分析师通常进行 3 年预测所不同，大多宏观分析师采用当年预测的预测跨度。基于以上讨论，在后文研究中，考虑到宏观分析师的预测能力及宏观经济会受多种外部因素的影响，因而随着预测跨度的增大，其预测准确度会降低，本书选用当年度的预测进行分析研究。

3.4.6　券商宏观报告的频数分布

表 3-7 呈现了各券商发布研究报告的频数，总共 112 家券商一共发布 5286 份宏观分析师的研究报告①，其中包括 73 家境内券商与 39 家境外券商，按照所发布报告占总报告数的比例从小到大

① 由于篇幅所限，仅列示部分结果。

进行排序。境内券商共发布 3114 份报告，平均每个券商发布 42.66 份；境外券商共发布 2172 份报告，平均每个券商发布 55.70 份。从中可以看出，境外券商的报告更新频次和努力程度均高于境内券商。

表 3－7　　各券商发布报告的频数统计

券商	报告数	比例	券商	报告数	比例	报告总计
中信建投	55	0.0104	麦格理投资银行	102	0.0193	5286
民生证券	57	0.0108	兴业证券	118	0.0223	5286
野村证券	58	0.0110	莫尼塔	119	0.0225	5286
华融证券	60	0.0114	星展银行	146	0.0276	5286
渤海证券	62	0.0117	海通证券	156	0.0295	5286
中投证券	63	0.0119	摩根大通	156	0.0295	5286
民族证券	64	0.0121	摩根士丹利	179	0.0339	5286
上海证券	65	0.0123	申银万国	192	0.0363	5286
银河证券	66	0.0125	中信证券	196	0.0371	5286
花旗银行	67	0.0127	国泰君安	213	0.0403	5286
光大证券	70	0.0132	瑞银证券	215	0.0407	5286
国金证券	70	0.0132	中金公司	233	0.0441	5286
方正证券	76	0.0144	德意志银行	308	0.0583	5286
平安证券	81	0.0153	招商证券	376	0.0711	5286
花旗集团	97	0.0184	汇丰银行	405	0.0766	5286
华泰证券	100	0.0189				

具体到每家券商来看，发布报告数占总报告数小于 1.0% 有 81 家券商，其中，发布报告数仅为 1 份的券商有 10 家，包括 4 家境外券商和 6 家境内券商。发布报告数占总报告数在 1.0%—2.0% 之间的 17 家券商，包括 4 家境外券商和 13 家境内券商。发布报告数占总报告数大于 2% 的有 14 家券商，分别是兴业证券、莫尼塔、星展银行、海通证券、摩根大通、摩根斯坦利、申银万国、中信证券、国泰君安、瑞银证券、中金公司、德意志银行、招商证券、汇

丰银行，包括7家境外券商和7家境内券商。在境内券商中发布报告数最多的是招商证券、中金公司、国泰君安，分别是376份、233份、213份；在境外券商中发布报告数最多的是汇丰银行、德意志银行、瑞银证券，分别是405份、308份、215份。

3.4.7 券商宏观预测的频数分布

表3-8呈现了各券商发布宏观经济数据预测的频数统计结果，总共112家券商一共发布20704次宏观分析师的研究预测[①]，其中包括73家境内券商与39家境外券商，按照所发布预测占总预测数的比例从小到大进行排序。其中，来自境内券商的预测共有11260次，来自境外券商的预测共有9444次；平均来看，境内券商每家进行154.25次预测，境外券商每家进行242.15次预测。与前文结果相似，境外券商的预测更新频次和努力程度均高于境内券商。

表3-8 各券商发布预测的频数统计

券商	预测数	比例	券商	预测数	比例	预测总计
中投证券	242	0.0117	申银万国	554	0.0268	20704
平安证券	286	0.0138	星展银行	592	0.0286	20704
国金证券	296	0.0143	摩根大通	614	0.0297	20704
野村证券	312	0.0151	中信证券	827	0.0399	20704
光大证券	314	0.0152	花旗集团	851	0.0411	20704
华泰证券	360	0.0174	招商证券	879	0.0425	20704
花旗银行	370	0.0179	摩根士丹利	937	0.0453	20704
兴业证券	391	0.0189	中金公司	983	0.0475	20704
海通证券	498	0.0241	国泰君安	995	0.0481	20704
麦格理投资银行	547	0.0264	瑞银证券	1139	0.0550	20704
莫尼塔	550	0.0266	德意志银行	1484	0.0717	20704
			汇丰银行	1926	0.0930	20704

① 由于篇幅所限，仅列示部分结果。

具体到每家券商来看，发布预测数占总预测数小于1.0%有89家券商，包括28家境外券商和61家境内券商。发布预测数占总预测数在1.0%—2.0%之间的8家券商，包括2家境外券商和6家境内券商。发布预测数占总预测数大于2%的有15家券商，分别是海通证券、麦格理投资银行、莫尼塔、申银万国、星展银行、摩根大通、中信证券、花旗集团、招商证券、摩根士丹利、中金公司、国泰君安、瑞银证券、德意志银行、汇丰银行，其中包括9家境外券商和6家境内券商。

在境内券商中发布预测数最多的是国泰君安（995次）、中金公司（983次）、招商证券（879次），在境外券商中发布预测数最多的是汇丰银行（1926次）、德意志银行（1484次）、瑞银证券（1139次）、摩根士丹利（937次）。

3.4.8 境内外券商的宏观预测差异

关于宏观分析师的预测，在分析中国宏观经济指标时境内券商的宏观分析师存在本土优势。中国的宏观分析师可能对中国市场有更好的了解，因此更容易深入地理解我国在现阶段的经济运行模式。

首先，境内券商的宏观分析师使用的母语是中文，听说读写中均采用中文沟通。因此，中国分析师在收集信息、阅读政府报告等材料方面具有优势。与之相对，境外的分析师阅读翻译版本的材料，而翻译可能会导致词不达意，或者遗漏重要讯息。

其次，中国文化的特色使得中国人对话外之音有独到的理解。这种隐含的、含蓄的表达方式往往具有负面含义，但它是中国传统文化的一部分。根据Wang和Lu（2009）的观点，由于中国传统的文化导致一些默契或者陈规，这与严格的逻辑推导不相符，然而境内券商的分析师可以厘清真实情况与相关信息的关系和区别。

因此，在本地优势下，中国的宏观分析师可能占据分析优势，从而更好地了解中国特有的文化和中国特色的经济，进而提升其对中国关键宏观经济变量的分析和预测。那么，境内外宏观分析师的预测是否存在差异?

基于前文的统计，本书结合T检验的方法分析境内外券商宏观分析师的预测是否存在差异。表3-9呈现了境内券商和境外券商宏观分析师预测的准确度差异检验结果。通过进行T检验，比较境内外券商宏观分析师对三种类型GDP指标预测的平均值，发现整体来说，境内外宏观分析师的预测在准确度上有显著差异，并且境外券商较境内券商的宏观预测更偏乐观。具体来说，关于年度GDP指标，境外券商的宏观预测平均值为0.053，境内券商的宏观预测平均值为0.42；关于季度GDP指标，境外券商的宏观预测平均值为0.053，境内券商的宏观预测平均值为0.045；关于季度GDP累计指标，境外券商的宏观预测平均值为0.052，境内券商的宏观预测平均值为0.044。从均值来看，境内外券商的宏观预测准确度在三个指标之间差异较小，间接说明三个指标之间的相关关系。

表3-9　　境内券商与境外券商的准确度差异

	境外券商	平均值	境内券商	平均值	均差数
年度GDP指标准确度	7368	0.053	6164	0.042	0.011***
季度GDP指标准确度	9937	0.053	9199	0.045	0.008***
季度GDP累计指标准确度	9937	0.052	9199	0.044	0.008***

注：***、**、*分别表示在1%、5%和10%的水平上显著。

表3-10呈现了境内券商和境外券商宏观分析师预测的乐观偏好差异检验结果。通过进行T检验，比较境内外券商宏观分析师对三种类型GDP指标预测的平均值，发现整体来说，境内外宏观分析师的预测在乐观偏好上有显著差异，并且境外券商较境内券商的宏观预测更偏乐观。具体来说，关于年度GDP指标，境外券商

的宏观预测平均值为0.032，境内券商的宏观预测平均值为0.01，从均值来看，说明境内券商的年度GDP预测趋于一致。关于季度GDP指标，境外券商的宏观预测平均值为0.038，境内券商的宏观预测平均值为0.023。从均值来看，在季度GDP指标上二者的差异较其他指标小。关于季度GDP累计指标，境外券商的宏观预测平均值为0.028，境内券商的宏观预测平均值为0.007，可以看出年度GDP指标和季度GDP累计指标的预测情况相类似。

表3-10　境内券商与境外券商的乐观偏好差异

	境外券商	平均值	境内券商	平均值	均差数
年度GDP指标乐观偏好	7368	0.032	6164	0.01	0.022***
季度GDP指标乐观偏好	9937	0.038	9199	0.023	0.015***
季度GDP累计指标乐观偏好	9937	0.028	9199	0.007	0.021***

注：***、**、*分别表示在1%、5%和10%的水平上显著。

3.5 本章小结

在本章中，围绕本书特有的宏观分析师预测数据，从描述性统计层面，全方位地分析宏观分析师的预测。本章的发现可以从以下三个方面进行概括：（1）明确了研究标的——宏观分析师预测的定义和衡量方式。（2）介绍了手工数据的优越性、独特性和整理过程。（3）对宏观分析的预测数据进行全方位的描述性统计，包括指标类型、发布年份、合作方式、预测形式、预测跨度、发布频数等，并结合境内外券商的宏观预测进行对比分析，对“外来的和尚好念经”还是“近水楼台先得月”这一问题进行了回应。

本章的研究意义如下：第一，梳理了宏观预测的定义与衡量方式，为后文的实证检验奠定可行性。第二，采用手工收集的方式，获得宏观分析师预测的各项指标数值和发布时间数据，拓展了宏观分析师预测的研究话题，为与证券分析师关系的实证回归奠定基础。第三，本章系统分析了宏观分析师的预测行为，包括宏观预测的指标类型、年份、合作方式、预测形式、预测跨度、发布频数等，从而有助于对宏观预测建立起全面、深入的了解与认识。第四，围绕境内外券商的宏观预测差异进行检验分析，对正确理解境内和境外宏观分析师的预测能力具有启示意义。

整体而言，本书宏观预测的数据具有独特性，更加全面的数据为研究宏观分析师影响证券分析师问题提供巧妙的可能性。本章通过对宏观预测的各方面特性进行统计分析，从而为后文的实证研究奠定数据基础。

第4章

宏观分析师影响证券分析师识别经济形势

4.1　本章引言

在 2017 年的中共十九大会议上，习近平总书记针对新形势下中国的发展方向作了《决胜全面建成小康社会 夺取新时代中国特色社会主义伟大胜利》的主题报告，明确要求在经济发展过程中应更好发挥政府作用，深化体制改革，完善宏观调控，加大政策协调，助推国民经济发展。一方面，改革开放以来，中国形成了独具特色的社会主义市场经济体制，国家通过宏观政策对经济发展、资源配置产生影响。另一方面，改革进入深水区，时常出现宏观政策、财政政策、货币政策的效果值得关注。学者认为，产业政策会对企业投资融资政策产生影响（张新民等，2017），不确定的宏观政策也会影响企业的管理层任命、投资效率（饶品贵等，2017）。因此，市场需要经济分析和宏观预测。Hann 等（2012）认为包含宏观预测的公司盈余预测，更准确更有效。因此，证券分析师能否具有宏观意识，能否掌握对经济形势的识别意识是十分需要回答的重要课题。

然而，关于证券分析师能否识别经济形势的研究在学术界的讨论还不充分。一方面，证券分析师有可能能够识别经济形势，从本书分析中可以看到，证券分析师的研究报告中采用宏观政策影响微观经济的逻辑进行推理，而相关政策的调整变化往往作为预测报告的标题出现。分析师预测相关的管理层盈余公告也体现了宏观信息，王建军（2016）发现管理层盈余预测的宏观信息含量增加时，其预测准确性提高。另一方面，证券分析师也有可能无法识别经济形势。研究发现，美国分析师的盈余预测在宏观经济方面效率低下，特别是在经济增长下滑时（Goedhart 等，2010）。Zhang（2006）发现，分析师过度关注自己的私人信息，而忽视将新信息考虑进其投资分析中。夏纪军和康健（2009）发现，中国的宏观预测难度和行为与国外均有所不同。因而，在中国证券分析师对于经济形势的识别能力需要检验。

如果证券分析师能够识别经济形势，该能力的形成源自何种机制。或者，如果证券分析师不能识别经济形势，是否存在其他机制影响证券分析师对经济形势的识别，从而缓解证券分析师对经济形势的反应不足，提升证券分析师的预测效率。学者发现，分析师并不会独立进行研究，券商的分析师会以各种形式利用内部专业知识（Kadan 等，2012）。分析师在进行预测时会考虑非财务信息（Huang 等，2014）。究竟宏观经济运行情况如何，政策效果如何，微观经济怎样受宏观政策影响，专门针对这些问题进行探讨的便是宏观分析师。而宏观分析师是证券分析师在券商的同事，也可以是证券分析师的宏观指导和信息资源。宏观分析师与证券分析师存在多途径的互动行为，为带来影响提供可能。本章要探讨的问题是，宏观分析师能否影响证券分析师识别经济形势。

通过梳理文献发现，关于宏观分析师影响证券分析师的研究较少。Hugon 等（2015）的研究发现，当证券分析师能够接触到权威宏观经济研究时，可以部分消除证券分析师对负面消息的低效反应。事实上，面对宏观分析师的预测，证券分析师是否受其影响有三种可能：其一，负面影响，由于宏观分析师无法准确预测经济走势和无法准确判断政策效果，同券商的证券分析师相信并且运用至个股预测判断中，因而给个股预测带来负面影响；其二，不存在影响，证券分析师并不认可宏观分析师的预测，或者有能力排除错误的宏观预测带来的干扰，使得宏观分析师与证券分析师的预测之间并无关系；其三，正面影响，无论是否能够准确预测经济，证券分析师可以通过学习宏观分析师的思维逻辑和宏观意识来提升预测准确性。因此，在中国，宏观分析师对证券分析师的影响非常值得探究。

以往受数据的限制，无法获得宏观分析师预测的全面信息，导致关于宏观分析师的研究尚不完备。因此，通过手工整理而得到独特的数据，为本书分析宏观分析师对证券分析师影响的研究奠定了基础。本章试图回答以下两个问题：（1）证券分析师能否识别经济形势。（2）是否有其他机制能够影响证券分析师对经济形势的识别，比如同券商的宏观分析师。本章的研究逻辑如图 4－1 所示。

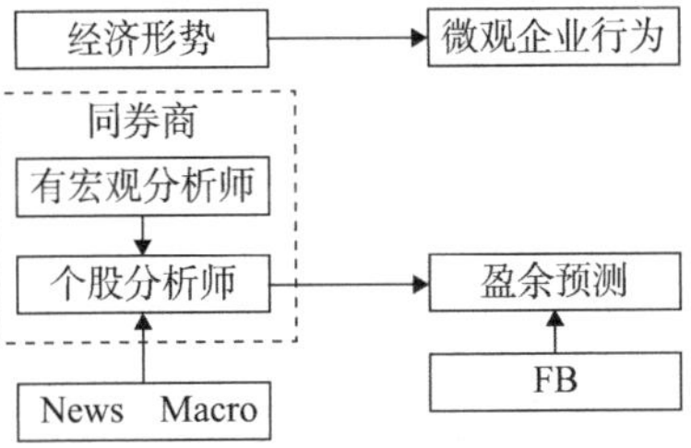

图 4－1　本章研究逻辑

本章发现，证券分析师表现出对负面宏观经济形势的反应不足，与此同时，同券商的宏观分析师的存在，能够影响证券分析师识别经济形势，特别是，负面经济形势，该影响在不同特质的企业、宏观分析师、证券分析师和行业层面存在差异。

本章的研究意义如下：（1）从学术研究的视角来看，本书将宏观政策与分析师预测相结合，利用特有的数据优势，丰富了宏观分析师与证券分析师的研究成果，为正确看待宏观与微观的交叉研究提供新的研究视角。（2）从资本市场的角度来看，宏观分析师的存在能够影响证券分析师识别经济形势，从而将宏观经济，特别是负面消息，整合入其研究报告中，进而促进了信息的传递，提升了市场的效率，更有助于市场参与者更好地认识政府、企业及分析师的良性互动。（3）从投资者的视角来看，通过证明宏观分析师对证券分析师识别经济形势产生影响，投资者可以更好地理解宏观分析师对于资本市场的作用，并且，本书为其选择、比较不同分析师的研究报告提供解决思路。（4）从分析师本身的角度来看，本章的研究具有启发作用，证券分析师应该加强与宏观分析师的沟通，更主动学习并提升对宏观经济形势的理解与判断，从而提升其盈余预测和投资评级的质量。

本章共包括 7 个小节。除本部分外，第二部分为综述部分，在梳理国内外理论分析的基础上，提出了本章的研究动机；第三部分为研究主体，提出了本书的研究设计方案和实证数据来源；第四部分为结果分析，展示了描述性统计的相关结果，并对其进行了回归性分析；第五部分进行了异质性检验；第六部分检验了研究稳健性，最后一部分对全章的研究结果进行总结。

4.2 文献综述与研究假说

证券分析师在我国市场经济不断发展和建设中的地位日益重要，作为重要的信息中介，证券分析师的预测能够为投资者提供投资决策辅助，有利于资本市场增强信息透明度和降低信息不对称程度，有助于监管机构理清虚假陈述，便于公司提升对行业信息和市场预期的掌握。关于证券分析师的文献大致可以分为三个方面：第一个方面为统计证券分析师的预测特征，比如预测准确度、预测分歧度、预测乐观偏度及预测信息含量等（孔东民等，2019）；第二个方面为影响证券分析师预测的决定因素，包括证券分析师自身层面、所跟踪公司层面和分析师所在券商层面等；第三个方面为研究证券分析师的预测策略，并试图从这个角度解释分析师之间的行为差异，比如利益冲突（Bradshaw，2009）。但是，围绕证券分析师与宏观分析师的研究较少。

4.2.1　证券分析师与经济形势

在业界，有股市不再是经济运行的晴雨表的看法，认为上市公司的业绩与宏观经济形势并不一致，李远鹏（2009）的研究解释了该看法，由于上市公司的会计信息被粉饰，导致二者相背离。关于宏观和微观的研究中，姜国华和饶品贵（2011）建立了关于宏观政策与微观企业之间的影响关系框架。陈冬华和姚振晔（2018）发现，政府行为会对企业带来影响，使得股价同步性有下降的表现，受政策影响度大的企业，其公司的特有信息会更多反映在股价中。靳庆鲁等（2008）认为，经济政策对企业的影响效果也与企业的特质有关。鉴于宏观经济对企业业绩的影响，证券分析师在进行预测时是否考虑宏观经济形势是值得研究的问题。

通过文献可知，较少有关于证券分析师能否识别经济形势的研究。因而，一方面，证券分析师有可能能够识别经济形势。从分析师个人层面来看，分析师的从业经验、预测能力和其所能接触到的信息决定了最终的预测表现（Brauer 和 Wiersema，2018）。其中，信息来源包括公开市场数据、行业内部信息、企业内部数据等，也包括宏观信息。Hann 等（2012）认为包含宏观预测的公司盈余预测，更准确更有效。根据宏观政策影响微观企业投融资决策的理论，证券分析师有动力关注、分析、追踪宏观经济形势。从本书分析中可以看到，证券分析师的研究报告中采用宏观政策影响微观经济的逻辑进行推理，而相关政策的调整变化往往作为预测报告的标题出现。与分析师预测相关的管理层盈余公告也体现了宏观信息，王建军（2016）发现管理层盈余预测的宏观信息含量增加时，其预测准确性有所提高。

另一方面，证券分析师也有可能无法识别经济形势。其一，虽然学者发现分析师在进行预测时会考虑非财务信息（Huang 等，2014），但是，夏纪军和康健（2009）发现，中国的宏观预测难度和行为与国外均有所不同。其二，Zhang（2006）发现，分析师过度关注自己的私人信息，而忽视将新信息考虑进其投资分析中。许年行等（2012）发现，证券分析师的乐观偏差与上市公司未来股价崩盘风险之间显著正相关，且此关系在“牛市”更为显著。当经济增长下降时，容易做出越来越不准确的预测，且迟迟不修改预测以反映新的经济形势。在美国，研究发现证券分析师的盈余预测对宏观经济新闻的反应效率较低，尤其是当经济增长下降时（Goedhart 等，2010）。

研究表明，相较于其他分析师，卖方分析师则更容易表现得乐观积极，同时他们发现乐观预测与更大频率的买入建议有显著关系（Lin 和 Mcnichols，1998）。针对证券分析师的乐观偏差，其背后的原因有两种解释。一方面，分析师倾向于选择其看好的公司，因为表现更好的公司在资本市场上会更加活跃。分析师对这类公司会保持乐观的判断，除非有令人信服的反面证据。原红旗和黄倩茹（2007）研究了分析师受到证券公司承销业务的影响会作出何种表现，相较于非承销商分析师，发现承销商分析师更容易通过乐观的盈余预测和投资评级来保持良好客户关系、促销承销股票、争取销售机会等。另一方面，分析师也可能受到与管理层之间利益冲突的影响。与管理层的良好关系可以为分析师所在的券商带来许多经济利益，比如维持或赢得承销业务。Lim（2001）认为由于管理层面临业绩考核压力，为增加从高层特有渠道获取的信息和剔除虚假干扰信息，分析师往往会通过发表乐观的预测研究报告来讨好管理层，因而可能会故意忽略负面宏观新闻。

因此，在中国，证券分析师对于经济形势的识别能力问题需要检验。基于以上分析，无法预期方向，本书提出以下假说：

H4－1a：证券分析师能够识别经济形势。

H4－1b：证券分析师并不能识别经济形势。

4.2.2　宏观分析师影响证券分析师识别经济形势

为提升宏观意识进而改善预测能力，究竟是否存在其他机制影响证券分析师对经济形势的识别，是值得探讨的问题。学者发现，分析师并不会独立进行研究，券商的分析师会以各种形式利用内部专业知识（Kadan 等，2012）。分析师在进行预测时会考虑非财务信息（Huang 等，2014）。究竟宏观经济运行情况如何，政策效果如何，微观经济怎样受宏观政策影响，专门针对这些问题进行探讨的便是宏观分析师。而宏观分析师是证券分析师在券商的同事，也可以是证券分析师的宏观指导和信息资源。宏观分析师与证券分析师存在多途径的互动行为，为带来影响提供可能。但是，文献中关于宏观分析师影响证券分析师的研究较少。本章要探讨的问题是，宏观分析师能否影响证券分析师识别经济形势。

宏观分析师的预测能否影响证券分析师，其答案可能有三种。其一，宏观分析师的预测会给证券分析师带来负面影响。由于宏观分析师无法准确预测经济走势和无法准确判断政策效果，同券商的证券分析师相信并且运用至个股预测判断中，因而给个股预测带来负面影响。据报道，中金公司预计 2018 年 A 股会实现双位数收益，中信证券预计 A 股盈利仍能保持 10% 的增长，但是，利好消息仅仅鼓舞了投资者却没有带来股市的增长。Batchelor（2007）发现，经济专家的预测存在系统偏误。一方面，宏观分析师会基于对经济、政策以及市场历史的分析，借用数据模型推导，进而对经济形势走向和大盘点位进行预判。另一方面，宏观分析师在进行预测时，会结合个人经验，这些主观判断的成分也会影响预测的精度。

与此同时，宏观预测的方法、理论和模型均有可能出现错误。面对错误的分析逻辑和结论，同券商的证券分析师会接触到不准确的宏观意识和分析预测，如果证券分析师听取了宏观分析师的判断，那么证券分析师对公司的盈余预测也将会是片面的、不准确的，具体表现为更低的预测准确性和向下的投资评级调整。因此，宏观分析师的预测可能会给证券分析师的预测带来负面的影响。

其二，宏观分析师的预测并不会给证券分析师带来影响，证券分析师并不认可宏观分析师的预测，或者有能力排除错误的宏观预测带来的干扰，使得宏观分析师与证券分析师的预测之间并无关系。无论宏观分析师的预测是否准确，考虑到证券分析师的信息来源、激励机制和利益冲突，证券分析师也可能并不会听从宏观分析师的分析。证券分析师可以通过与市场和企业管理层的交流，剔除宏观分析师不准确的预测。为维护与管理层的良好关系和保持活跃的交易量，为分析师所在的券商带来经济利益，证券分析师可能会故意忽略负向的宏观预测。据报道，美国的卖方证券分析师对于负面宏观新闻反应不足。与此同时，从自信理论的角度来说，证券分析师的从业经验使得其自有见解并对自己的判断和模型拥有自信。面对预测经验不足、以往准确度较低以及知名度不够高的宏观分析师，证券分析师也并不一定认可宏观分析师的预测。因而，无论宏观分析师的预测是否准确，证券分析师的预测与之并无关系，即宏观分析师对证券分析师并无影响。

其三，宏观分析师的预测会给证券分析师带来正面影响，无论是否能够准确预测经济，证券分析师可以通过学习宏观分析师的思维逻辑和宏观意识来提升预测准确性。学者发现，分析师并不会独立进行研究，券商的分析师会以各种形式利用内部专业知识（Kadan等，2012）。分析师在进行预测时会考虑非财务信息（Huang 等，2014），而宏观分析师是证券分析师在券商的同事，也可以是证券分析师的宏观指导和信息资源。媒体采访买方基金经理后发现，其更关注宏观分析逻辑和判断方法，对于能否做到准确预测经济的结果是次之的要求。Hugon等（2015）的研究发现，当证券分析师能够接触到权威宏观经济研究员时，可以部分消除证券分析师对负面消息的低效反应。同券商内，宏观分析师与证券分析师存在多途径的互动行为，为带来影响提供可能。内部的宏观分析师所提供的问答咨询、视频会议、预测报告、专题研讨会等都可以为证券分析师了解宏观经济变量，增强宏观分析意识和政策敏感性提供学习氛围和基础。因而，"见贤思齐、择善而从"，在同一家券商工作的宏观分析师也有可能影响证券分析师建立宏观分析意识和对宏观政策的分析能力。

因此，究竟宏观分析师与证券分析师的影响是正面，是负面，抑或是没有影响，其结论并不可知。基于此，本书提出以下假说：

H4-2a：同券商宏观分析师的存在，能够影响证券分析师对负面经济形势的反应不足。

H4-2b：同券商宏观分析师的存在，并不能影响证券分析师对负面经济形势的反应不足。

4.3　研究设计与数据

4.3.1　研究模型和变量定义

在证券分析师对于公司的预测中，EPS（每股盈余）是资本市场的关注点，也是分析师预测水平、分析能力的表现。因而，学者结合EPS构建预测准确性、预测乐观偏好和评级更新等变量来衡量不同分析师的预测能力和利益冲突等问题，即通过对比证券分析师的盈余预测与跟踪公司的实际盈余，得出分析师的预测情况。本书借鉴以往的研究，用FE衡量的是证券分析师的预测是否有偏差。通过将实际值与预测值进行相减，并用收盘价平减，从而得到分析师的预测偏差。其计算公式如下：

$$FE = (REPS - FEPS)/Price \tag{4-1}$$

基于以上分析，本书采用式（4－2）检验假说 H4－1，采用式（4－3）检验假说 H4－2。如果分析师对负面宏观经济形势的反应存在不足，则负面 News 的系数预期为正。如果假说 H4－2 成立，即尽管证券分析师对负面经济形势的反应低效，但由于其所在券商雇佣宏观分析师，从而可以缓解其对负面消息的反应不足，那么预期交乘项的系数为负。

$$FE_{i,t} = \beta_1 + \beta_2 News_t + \beta_3 Firm\ Analyst\ Controls + \beta_4 Firm\ Controls + Industry\ Fixed\ Effects + Year\ Fixed\ Effects + \varepsilon \tag{4-2}$$

$$FE_{i,t} = \beta_1 + \beta_2 News_t + \beta_3 News_t \times Macro_{i,t} + \beta_4 Macro_{i,t} + \beta_5 Firm\ Analyst\ Controls + \beta_6 Firm\ Controls + Industry\ Fixed\ Effects + Year\ Fixed\ Effects + \varepsilon \tag{4-3}$$

其中，模型同时控制了证券分析师层面、券商层面和公司层面的变量。由于分析师研究普遍存在内生性问题，即券商是否雇佣宏观分析师并不是随机的。因此，在券商的变量中，本书采取了一些措施来限制潜在的内生问题，包括控制券商评级、券商排名、券商手续费及佣金收入、券商雇佣的分析师总人数等变量。在证券分析师层面，采用证券分析师经验（*Expf*）、证券分析师工作量（*Nfirmf*）、证券分析师是否为明星分析师等。在公司层面，用市净率（*PB*）和净资产收益率（*ROE*）等变量进行控制，并且对行业效应和年度效应进行控制。文章涉及的变量定义如表 4－1 所示。

表 4－1　变量定义

变量符号	变量名称	变量定义
	因变量	
$FE_{i,t}$	预测偏误	第 t 期每股盈余实际值减去第 t 期分析师的盈余预测的差，并除以第 t 期期初的股票收盘价

续表

变量符号	变量名称	变量定义
		自变量
$News_t$	经济形势	宏观分析师预测 Gdp 与 30 天窗口期内的一致宏观预测的差
$Macro_{i,t}$	有无宏观分析师	第 t 期跟踪企业 i 的分析师所在券商是否有专业的宏观分析师或经济学家①，有为 1，无为 0
		控制变量
$Horizon_{i,t}$	预测距离	发布报告的时期距离真实盈余报告的天数
LAG_FE	预测偏误	第 t-1 期每股盈余实际值减去第 t-1 期分析师的盈余预测的差，并除以第 t-1 期期初的股票收盘价
$Expf_{i,t}$	证券分析师经验	证券分析师预测 i 公司的季度数
$Nfirmf_{i,t}$	证券分析师工作量	证券分析师同期追踪公司总数
$Nreptf_{i,t}$	证券分析师预测数	证券分析师同期发布预测报告总数
$Sizeb_{j,t}$	券商规模	券商 j 第 t 期期末分析师个数的自然对数
$Broklvl_{j,t}$	券商综合评级	监管机构对券商不可控风险的评级，从 1 到 5，风险从低到高
$Brokinc_{j,t}$	券商佣金收入	券商 j 第 t 期佣金收入的自然对数
$PB_{i,t}$	市净率	第 t 期权益总市值除以 t 期权益账面值
$ROE_{i,t}$	净资产收益率	第 t 期的净利润除以第 t 期的净资产
$BM_{i,t}$	账面市值比	第 t 期资产总值除以市值
$Holder_{i,t}$	机构投资者持股	第 t 期机构投资者的持股比例
$Fheat_{i,t}$	受分析师关注度	第 t 期追踪企业的分析师个数
Industry Fixed Effects	行业固定效应	行业分类代码
Year Fixed Effects	年份固定效应	年份

① 本书对 *Macro* 的衡量，受数据所限，采用证券分析师所在券商是否发布宏观分析师报告的方法观测。

4.3.2 样本和数据

文中使用的宏观分析师数据为手工数据，从公开市场上的公开宏观财务报告中手动摘录数据。主要包括，预测指标的类型、预测的机构、预测的人员、预测的数值、预测的日期等。利用窗口期内宏观分析师的预测计算一致预测，从而计算 News 数据。关于个股分析的数据选自上市公司和研究报告。相关研究数据来自 CSMAR 和 WIND 数据库。

受数据完整性的限制，样本的时间范围是预测了从 2010 年 1 月 1 日至 2015 年 12 月 31 日的 GDP 指标的宏观报告。因为 GDP 是宏观经济活动的最全面指标（Henderson、Storeygard 和 Weil，2012；Konchitchki 和 Patatoukas，2014）。同时，学者发现 GDP 对公司收益产生重大影响（Brown 和 Ball，1967；Gonedes，1973），因此，本书选择 GDP 的预测数据。

对于初始数据，本书进行了如下处理：（1）剔除了分析师姓名及报告发布日期缺失的样本；（2）关于证券分析师预测准确度，剔除 ST、*ST 股票，以及上市时间不足 3 个月等股票后的剩余股票构成样本股；（3）剔除金融类上市公司；（4）剔除数据缺失样本；（5）对样本进行 Winsorize 1% 处理。

4.4 实证结果

4.4.1 描述性统计

表 4 - 2 显示的是个股预测的描述性统计回归结果，本书的研究数据共 80533 个观测值，预测的偏度均值为 0.01，说明宏观分析师的预测略微悲观，宏观经济形势的均值为 -0.74，描述性统计

的结果与以往文献的研究相类似。

表 4 - 2　　证券分析师预测的描述性统计

变量名	平均值	样本数	25%	中位数	75%	标准差
FE	0.01	80533	0	0.01	0.02	0.03
News	-0.74	80533	-1.25	-0.35	-0.1	1.17
Macro	0.87	80533	1	1	1	0.34
Nreptf	4.46	80533	2	4	6	3.35
Nfirmf	23.72	80533	12	18	27	22.37
Expf	49.44	80533	19.17	35.67	68	42.93
LAG_ FE	1.02	80533	0.04	0.1	0.24	29
Horizon	294.5	80533	215	322	368	96.44
Broklvl	1.82	80533	1	1	2	1.39
Sizeb	48.43	80533	32	47	61	22.18
PB	3.88	80533	1.94	3.12	4.95	3.26
ROE	0.13	80533	0.08	0.12	0.17	0.13
BM	0.97	80533	0.33	0.58	1.14	1.12
Holder	0.25	80533	0.1	0.2	0.34	0.19
Fheat	52.92	80533	27	46	70	35.97

表 4 - 3 呈现了证券分析师预测的行业分布特征。从行业分布来看，制造业的预测数据最多，占比高达 50% 左右，这与我国上市公司中制造业行业的上市公司占比最多相一致。其次，批发、零售业和信息传输、软件和信息技术服务业的占比较大，分别为 9.12% 和 7.91%，这说明市场对于以上两个行业的关注保有热度，分析师选择追踪的公司较集中在以上的行业中，这与行业发展的成长性相吻合。

表 4 - 3　　证券分析师预测的行业分布

行业代码	行业（证监会行业大类）	样本数	比例（%）
A	农、林、牧、渔业	1088	1.350
B	采矿业	2585	3.210
C	制造业	40238	49.95
D	电力、热力、燃气及水生产和供应业	1531	1.900
E	建筑业	1809	2.250
F	批发和零售业	7344	9.120
G	交通运输、仓储和邮政业	3298	4.100
H	住宿和餐饮业	857	1.060
I	信息传输、软件和信息技术服务业	6373	7.910
K	房地产业	3900	4.840
L	租赁和商务服务业	2636	3.270
M	科学研究、技术服务和地质勘查业	1741	2.160
N	水利、环境和公共设施管理业	1996	2.480
P	教育	11	0.0100
Q	卫生、社会保障和社会福利业	1616	2.010
R	文化、体育和娱乐业	2400	2.980
S	综合	1110	1.380
总计		80533	100

表 4 - 4 呈现了证券分析师预测的年度分布，从表中的年度分布可以看出，2012—2015 年的各年度之间并没有过于明显的分布差异，2010 年和 2011 年的预测较少，累计占比在 23% 左右，2013 年度的预测最多，占比在 22% 左右。这可能是由于虽然分析师行业的不断发展，从 2010 年开始分析师的预测逐渐增多，但是伴随着分析师行业的严监管背景，从 2013 年开始分析师发布预测的数量有所放缓。

表 4-4　　证券分析师预测的年度分布

报告年份	观测值	占样本比例（%）	累计比例（%）
2010	7289	9.050	9.050
2011	11139	13.83	22.88
2012	14541	18.06	40.94
2013	17793	22.09	63.03
2014	15988	19.85	82.89
2015	13783	17.11	100

4.4.2 主要实证结果

根据变量定义可知，当证券分析师的预测误差 FE 为负时，表示证券分析师的乐观情绪；当证券分析师的预测误差 FE 为正时，表示证券分析师的悲观情绪。在检验证券分析师对宏观经济形势的反应时，当负面宏观消息的系数为正时，表示证券分析师对宏观经济新闻的反应不足。当负面宏观消息的系数为负时，表示证券分析师对宏观经济新闻的反应过度。同样，在宏观消息为正面时，系数关系与负面宏观消息一致，具体如表 4-5 所示。举例来说，证券分析师对负面新闻的反应不足（即负面消息与正系数相乘）和对正面新闻的反应过度（即正面消息与负系数相乘）都会增加分析师的乐观情绪（即导致更负面的预测误差）。

表 4-5　　证券分析师对宏观经济形势的反应系数说明

	Negative News	*Positive News*
证券分析师反应不足	系数 >0	系数 >0
证券分析师反应过度	系数 <0	系数 <0

表 4-6 呈现了证券分析师对正负面经济形势的反应。结合表 4-5 的说明可知，当面临负面经济形势时，News 与证券分析师的

预测的相关系数为正且显著（$\beta=0.152$），说明证券分析师对负面经济形势的反应不足，即拥有乐观情绪。当面临正面经济形势时，News 与证券分析师的预测的相关系数为负，但不显著，说明证券分析师对正面消息并没有表现出反应不足或过度。综上所述，研究结果表明证券分析师对负面的经济形势的反应不足，与假说 H4－1 的预期相一致。

表 4－6　证券分析师与经济形势

	(1)	(2)
	Negative News	*Positive News*
	FE	*FE*
News	0.152***	－0.0743
	(2.74)	(－1.48)
Nreptf	－0.0162*	－0.00974*
	(－1.82)	(－1.72)
Nfirmf	0.00115	－0.00186
	(0.98)	(－0.91)
Expf	0.00163	－0.000653
	(0.81)	(－0.78)
LAG_ FE	0.0863**	0.143***
	(1.99)	(2.75)
Horizon	－0.00558***	－0.00397***
	(－2.81)	(－2.64)
Broklvl	0.00291	0.0642**
	(0.68)	(2.00)
Sizeb	0.00687	－0.00214
	(0.92)	(－1.27)
Brokinc	－0.0991	0.245*
	(－0.75)	(1.72)

续表

	(1)	(2)
	Negative News	*Positive News*
	FE	*FE*
PB	0.0675***	0.0640***
	(2.97)	(2.61)
ROE	0.0714***	0.0595***
	(2.99)	(2.73)
BM	0.0212***	0.0103
	(2.69)	(0.76)
Holder	-0.0219**	-0.0870
	(-2.09)	(-0.95)
Fheat	-0.00583*	-0.00121**
	(-1.69)	(-2.25)
Constant	0.103***	0.135
	(3.42)	(1.32)
Year Fixed Effects	Yes	Yes
Industry Fixed Effects	Yes	Yes
N	63275	17258
R^2	0.18	0.20

注：括号内为 t 值，***、**、* 分别表示在 1%、5% 和 10% 的水平上显著。

通过 T 检验的方法，分析当面临负面宏观消息时，同券商宏观分析师的存在能否影响证券分析师，体现为其预测偏差是否存在显著差异。检验结果如表 4-7 所示，同券商存在宏观分析师的证券分析师，其个股预测偏差的均值为 0.011，而同券商没有宏观分析师的证券分析师，其预测均值为 0.013，且具有统计意义。这表明，同券商有宏观分析师的证券分析师，其在负面经济形势下的预测更偏悲观，在一定程度上，回答了宏观分析师能否影响证券分析师识别经济形势的问题。

表 4-7　宏观分析师、证券分析师与负面经济形势（差异）

	Negative News				
	券商无宏观分析师	平均值 1	券商有宏观分析师	平均值 2	均数差
FE	8154	0.0130	55121	0.0110	0.001***

注：***、**、* 分别表示在 1%、5% 和 10% 的水平上显著。

进而对假说 H4-2 进行检验，探讨同券商存在宏观分析师的证券分析师，是否会受其影响，表现出准确的预测，进而识别负面经济形势。如表 4-8 所示，发现对于能够接触到宏观分析师的证券分析师，表现出更准确的预测、对负面宏观信息反应更充分。具体来说，从检验的结果可以看到，证券分析师的预测偏误与负面经济形势的相关系数为正，且具有显著性（$\beta=0.208$），即证券分析师对负面经济形势反应不足。关注交乘项 Macro × News 可知，其与 FE 的系数显著为负（$\beta=-0.0322$），这说明能够接触到宏观分析师的证券分析师，其预测偏差与 News 的系数，较没有同券商宏观分析师的证券分析师来说更小。这说明宏观分析师能够影响证券分析师对经济形势的识别，使得证券分析师在预测时，将宏观经济形势对微观企业的影响纳入预测模型，进而影响证券分析师的预测成果。

表 4-8　宏观分析师、证券分析师与经济形势

	Negative News
	(1)
	FE
News	0.208*
	(1.91)
Macro	-0.0935
	(-1.12)

续表

	Negative News (1) *FE*
Macro × News	-0.0322*
	(-1.77)
Constant	0.104***
	(3.82)
Analyst controls	Included
Broker controls	Included
Firm controls	Included
Year Fixed Effects	Yes
Industry Fixed Effects	Yes
N	63275
R^2	0.19

注：括号内为 t 值，***、**、* 分别表示在 1%、5% 和 10% 的水平上显著。

4.5　分样本检验

虽然，已经讨论宏观分析师能否影响证券分析师识别经济形势的问题，但是，考虑到不同证券分析师、宏观分析师、企业和行业的特性不同，可能每位证券分析师受到宏观分析师的影响也是不同的。因而，为进一步深挖研究问题，本章通过异质性检验，分析在不同的企业层面、行业层面和宏观分析师层面的宏观分析师对证券分析师可能产生的影响效果，试图回答在不同情况下宏观分析师对个股产生影响的可能性是否存在差异。

4.5.1 企业层面

经济学经典理论中，充分论述了宏观政策对微观经济影响的理论基础。研究发现，企业对产业政策，诸如金融信贷政策、出口政策等的变化敏感，会因此而调整企业的经营投融资决策（黄志忠等，2013）。Raddatz（2006）发现融资政策的变化使得企业对信贷渠道敏感度有所变化。Dooley 等（2009）认为，企业对国民生产总值的弹性是企业对信号的敏感度。Moser（2003）认为，企业对经济基本面变化的敏感程度决定了企业受到金融危机影响的情况。因而企业对 GDP 消息的敏感度可能影响了企业受宏观政策影响的效果，而证券分析师在预测盈余时可能也会受到影响，因而在企业层面，证券分析师追踪不同特质的企业时，其受宏观分析师影响的可能结果会出现差异。

在企业层面，参照 Hugon 等（2016）的研究设计，构建企业经济敏感度指标。其计算方法如下：通过计算企业上一年度盈余的变化与上一年度的经济消息的拟合情况，获得表征企业敏感度的决定系数。进一步细分全样本内的经济敏感度排序和本行业内的经济敏感度，采用证券交易行业分类要求的大类行业进行行业划分，通过排序，分别得到高经济敏感度企业和低经济敏感度企业的样本。针对宏观分析师能否影响证券分析师识别经济形势的分样本回归结果如表 4－9 所示。

表 4－9　宏观分析师、证券分析师与经济形势（企业异质性）

	(1)	(2)	(3)	(4)
	High CYCL_all	*Low CYCL_all*	*High CYCL_ind*	*Low CYCL_ind*
	FE	*FE*	*FE*	*FE*
News	0.301*	0.0817*	0.316*	0.0930*
	(1.72)	(1.81)	(1.78)	(1.83)

续表

	(1) High CYCL_all FE	(2) Low CYCL_all FE	(3) High CYCL_ind FE	(4) Low CYCL_ind FE
Macro	-0.109	-0.0764	-0.121	-0.0780
	(-0.21)	(-0.34)	(-0.28)	(-0.37)
Macro × News	-0.0543*	-0.0174	-0.0581*	-0.0105
	(-1.69)	(-1.24)	(-1.87)	(-1.46)
Constant	0.0891**	0.0920*	0.0812**	0.0957*
	(1.82)	(1.89)	(1.74)	(1.91)
Analyst Controls	Included	Included	Included	Included
Broker Controls	Included	Included	Included	Included
Firm Controls	Included	Included	Included	Included
Industry Fixed Effects	Yes	Yes	Yes	Yes
Year Fixed Effects	Yes	Yes	Yes	Yes
N	31631	31628	31631	31628
R^2	0.17	0.20	0.17	0.21

注：括号内为t值，***、**、*分别表示在1%、5%和10%的水平上显著。

在表4-9中，当证券分析师追踪企业拥有高经济敏感度时，宏观分析师对证券分析师识别经济形势产生影响的可能性越大。在第（1）列、第（3）列中，可知证券分析师的预测偏误与负面经济形势的相关系数为正，且具有显著性（$\beta=0.301$，$\beta=0.316$），即证券分析师对负面经济形势的识别不充分，而交乘项Macro × News与FE的系数显著为负（$\beta=-0.0543$，$\beta=-0.0581$），这表明，在追踪高经济敏感度的企业时，无论是在全样本内还是在同行业中，同券商宏观分析师的存在更可能影响证券分析师识别经济形势，该发现与前文关于假说H4-2的发现相符。然而对于低经济敏感度的企业，并未发现相似结果。

4.5.2 宏观分析师层面

方军雄等（2015）通过检验分析师经验与分析师预测能力和预测质量后，发现具有更多预测经验的分析师在分析收集各方面数据上更见长。Bradley 等（2017）对拥有行业经验能否提升分析师的预测质量问题进行研究，发现分析师过去的行业经验能够帮助其分析预测该行业内的企业，并且更可能成为明星分析师。分析师通过学习行业专业知识对其预测十分重要。因此，宏观分析师的预测能力上，也可能存在由预测经验带来的差异，进而对宏观预测能力产生影响。因而用宏观预测经验在预测能力和受认可度上进行分析。

学者发现证券分析师的研究报告对于其他的投资者，甚至相关分析师均有帮助作用（Merkley 等，2017）。Williams 等（1996）发现，预测信誉强的公司所披露业绩预告的市场反应更强。同时，工作经验和后天学习会提升证券分析师的预测能力。因此，推测宏观分析师的历史预测准确性会对其未来的预测能力和预测质量产生影响，进而影响其与其他分析师的互动，比如证券分析师。因此，选用宏观预测准确度，从宏观预测的质量上进行分析。

关于宏观预测准确度，恰巧本书数据能够获得宏观预测准确度，计算方法如下：用宏观预测值减去真实值的绝对值并除以真实值来表示。关于宏观分析师经验，则结合本书手工收录的宏观分析师预测数据，获得宏观分析师的预测经验，利用网络搜索分析师个人简历，将披露的预测经历和简历情况整合获得宏观分析师的预测经验。进一步，将宏观分析师分为经验丰富的宏观分析师和经验较少的宏观分析师。关于宏观分析师能否影响证券分析师识别经济形势的分样本的回归结果如表 4 - 10 所示。

表 4－10　　宏观分析师、证券分析师与经济形势（宏观分析师异质性）

	(1)	(2)	(3)	(4)
	High ACC	*Low ACC*	*Long EXPM*	*Short EXPM*
	FE	*FE*	*FE*	*FE*
News	0.259*	0.172*	0.267*	0.153*
	(1.75)	(1.89)	(1.68)	(1.83)
Macro	－0.101	－0.0679	－0.125	－0.0618
	(－1.49)	(－1.52)	(－1.38)	(－1.59)
Macro × News	－0.0483*	－0.0204	－0.0497*	－0.0192
	(－1.79)	(－1.57)	(－1.84)	(－1.60)
Constant	0.0694**	0.0873*	0.0672**	0.0896*
	(1.99)	(1.71)	(1.97)	(1.84)
Analyst Controls	Included	Included	Included	Included
Broker Controls	Included	Included	Included	Included
Firm Controls	Included	Included	Included	Included
Industry Fixed Effects	Yes	Yes	Yes	Yes
Year Fixed Effects	Yes	Yes	Yes	Yes
N	26127	26118	26127	26118
R^2	0.17	0.19	0.18	0.19

注：括号内为 t 值，***、**、* 分别表示在 1%、5% 和 10% 的水平上显著。

表 4－10 共四列，从中可以看出，在宏观分析师是经验丰富且预测准确度高的情形下，宏观分析师更可能对证券分析师识别经济形势产生影响。具体来说，第（1）列和第（3）列中，证券分析师的预测偏误与负面经济形势的相关系数为正，且具有显著性（$\beta = 0.259$，$\beta = 0.172$），即证券分析师对负面经济形势的识别不充分，而交乘项 Macro × News 与 FE 的系数显著为负（$\beta = -0.0483$，$\beta = -0.0497$），表明同券商有经验资深、高预测准确度的宏观分析

师，更有可能影响证券分析师识别经济形势。相反，对于低预测准确度、经验较少的宏观分析师来说，并不存在上述发现。

4.5.3 行业层面

Akey 等（2016）认为，不同企业、行业对宏观政策的敏感程度不同，通过研究，发现在大选前支付更多政治捐款的企业往往对经济信息更敏感。王朝阳等（2018）发现，企业所处的行业对经济敏感度会显著影响企业的资本机构。由于不同企业所处的行业不同，而行业层面的特质差异，可能会使得不同企业面临的竞争情况和政策制度不同。因而，在行业层面，本书借鉴 Hann 等（2012）的研究方法来刻画行业经济敏感度，对样本进行异质性检验。通过计算全行业内企业汇总的经济敏感度来获得行业经济敏感度。具体来说，用企业上一年度盈余的变化与上一年度的经济形势回归而得决定系数（R^2）得到企业经济敏感度，按照企业所在证监会行业分类代码的大类行业进行加总，最终获得该行业的行业经济敏感度。进而将行业经济敏感度排序，分为高经济敏感度行业和低经济敏感度行业。分样本的回归结果如表 4-11 所示。

表 4-11 宏观分析师、证券分析师与经济形势（行业异质性）

	(1)	(2)
	High INDCYCL	*Low INDCYCL*
	FE	*FE*
News	0.384*	0.115*
	(1.89)	(1.74)
Macro	-0.118	-0.0643
	(-1.45)	(-1.52)
Macro × *News*	-0.0432*	-0.0219
	(-1.82)	(-1.60)

续表

	(1)	(2)
	High INDCYCL	*Low INDCYCL*
	FE	*FE*
Constant	0.0737**	0.0814*
	(1.99)	(1.83)
Analyst Controls	Included	Included
Broker Controls	Included	Included
Firm Controls	Included	Included
Industry Fixed Effects	Yes	Yes
Year Fixed Effects	Yes	Yes
N	31619	31615
R^2	0.16	0.19

注：括号内为 t 值，***、**、* 分别表示在 1%、5% 和 10% 的水平上显著。

由表 4-11 可知，对于高经济敏感度行业来说，宏观分析师对证券分析师识别经济形势更可能产生影响。具体来说，证券分析师的预测偏误与负面经济形势的相关系数为正，且具有显著性（β = 0.384），即证券分析师对负面经济形势的识别不充分，交乘项 Macro × News 与 FE 的系数显著为负（β = -0.0432），表明追踪高行业敏感度时，同券商宏观分析师的存在更可能影响证券分析师对经济形势的识别，与前文的发现相一致。然而，低经济敏感度行业下，其交乘项系数并不显著，可能由于经济敏感度较低的行业，其对宏观经济消息的反应有时间上的滞后性，或者其与宏观经济形势的关系并不紧密，使得更不容易产生影响。

通过以上分样本检验，本书发现，宏观分析师的个人特征、企业特征和行业特征均会对宏观分析师影响证券分析师的可能性产生影响。在追踪高经济敏感度企业、高经济敏感度行业时，同券商存在经验资深、预测更准确的宏观分析师，对证券分析师识别经济形势产生影响可能更大。

4.6 稳健性检验

为验证上一章节所得结果的可靠性，本节对其结论进行稳健性检验分析，围绕 News 的计算方法进行如下两种检验，相关方法如下所述。

第一，关于假说 H4 - 1，前文中 News 的计算方法是用宏观分析师预测值减去市场上 GDP 的一致性预测，采用了 30 天内的窗口期，考虑到宏观经济的波动性和宏观政策的影响时效，采用 60 天的窗口期来计算 GDP 的一致预测，从而得到 News'。

表 4 - 12 中的稳健性检验结果说明了证券分析师依然对负面经济形势存在反应不足，证券分析师的预测偏误与负面经济形势的反应系数为正且显著（$\beta = 0.145$），而证券分析师的预测偏误与正面经济形势的反应系数为负但不显著。这与假设预期相一致，说明证券分析师并不能充分识别负面经济形势，进一步说明，本章检验结果具有稳定性。

表 4 - 12　证券分析师与经济形势的稳健性检验

	Negative News	*Positive News*
	(1)	(2)
	FE	*FE*
News'	0.145***	-0.0862
	(2.81)	(-1.42)
Constant	0.104***	0.535
	(3.53)	(1.29)
Analyst Controls	Included	Included
Broker Controls	Included	Included
Firm Controls	Included	Included

续表

	Negative News	*Positive News*
	(1)	(2)
	FE	*FE*
Industry Fixed Effects	Yes	Yes
Year Fixed Effects	Yes	Yes
N	63275	17258
R^2	0.15	0.17

注：括号内为 t 值，***、**、* 分别表示在 1%、5% 和 10% 的水平上显著。

第二，关于假说 H4 -2，对于 *News* 这一指标的衡量方式，前文采用的是宏观分析师发布的 GDP 预测值与之前 30 天窗口内的所有宏观分析师的一致预测之间的差，考虑到宏观分析师预测准确性的问题，借鉴以往的研究方法，在稳健性检验中采用当期预测 GDP 与上年同期真实 GDP 的差来衡量 *News*，从而得到 *News*”。

表 4 -13 呈现了宏观分析师影响个股识别负面经济形势的稳健性检验结果，证券分析师的预测与负面经济形势的相关系数依然为正，且具有显著性（β =0.279），即证券分析师对负面经济形势反应不足。关注交乘项 Macro × News 可知，其与 FE 的系数显著为负（β = -0.0308），这说明，虽然证券分析师对负面的宏观经济新闻识别不够充分，但是，当证券分析师拥有同券商的宏观分析师时，宏观分析师的存在能够影响证券分析师对经济形势的识别。

表 4 -13　宏观分析师、证券分析师与经济形势的稳健检验

	Negative News
	FE
News”	0.279 *
	(1.89)
Macro	-0.0939
	(-1.29)

续表

	Negative News
	FE
News" ×*Macro*	-0.0308 **
	(-2.03)
Constant	0.127 ***
	(3.93)
Analyst Controls	Included
Broker Controls	Included
Firm Controls	Included
Industry Fixed Effects	Yes
Year Fixed Effects	Yes
N	63275
R^2	0.15

注：括号内为 t 值，***、**、* 分别表示在 1%、5% 和 10% 的水平上显著。

4.7 本章小结

本章通过结合我国独特的社会主义市场经济体制背景，从宏观政策对微观经济的影响出发，探讨证券分析师在对跟踪公司发布研报、预测盈余时是否结合当下宏观经济形势的问题，即证券分析师能否对经济形势作出反应。进而，通过检验发现证券分析师不能充分识别经济形势后，随之对是否存在影响证券分析师识别经济形势的其他机制进行探索，进而分析宏观分析师能否影响证券分析师识别经济形势。

本章的研究发现，为同券商宏观分析师的存在能否影响证券分析师识别经济形势提供实证检验证据。结果表明，（1）证券分析师不能充分识别负面经济形势。（2）同券商宏观分析师的存在，能够影响证券分析师对负面经济形势的识别。（3）并且，该影响在不同特质的企业、宏观分析师、证券分析师和行业层面存在差异，在追踪高经济敏感度企业、高经济敏感度行业时，同券商存在经验资深、预测更准确的宏观分析师，对证券分析师识别经济形势的影响可能更大。

本章的研究意义如下：第一，从学术研究的视角来看，本书将宏观政策与分析师预测相结合，利用特有的数据优势，丰富了宏观分析师与证券分析师的研究成果，为正确看待宏观与微观的交叉研究提供新的研究视角。第二，从资本市场的角度来看，宏观分析师的存在能够影响证券分析师识别经济形势，随之将宏观经济形势，特别是负面消息整合入其研究报告中，从而促进信息的传递，提升市场的效率，有助于市场参与者更好认识政府、企业及分析师的良性互动。第三，从投资者的视角来看，通过证明宏观分析师能够影响证券分析师识别经济形势，投资者可以更好理解宏观分析师对于资本市场的作用，并且，本书为其选择、比较不同分析师的研究报告提供解决思路。第四，从分析师本身的角度来看，本章的研究具有启发作用，证券分析师应该加强与宏观分析师的沟通，更主动学习并提升对宏观经济形势的理解与判断，从而提升其盈余预测和投资评级的质量。

第5章 宏观分析师影响证券分析师的政策敏感性

5.1 本章引言

随着经济发展，目前的中国，政策环境和产业政策对企业来说有着非同一般的意义。据报道，新闻联播在企业家中得到高度重视，可谓引路灯。Young 等（2014）发现，转型经济体伴随着多变的宏观政策和监管制度，为企业的经营战略带来影响，不稳定的政策制度使得企业无法实现长期目标。辛清泉等（2007）认为，政府干预对企业的运营发展来说具有外部力量。陈冬华等（2010）通过研究产业政策与企业债权股权决策的关系，发现产业政策帮助企业获得更多融资。张新民等（2017）指出，宏观政策能够缓解企业的融资约束，特别是在民营企业和经济不发达的地区。宏观政策预期会给微观企业带来影响，研究发现，宏观政策通过改变企业经营的信息环境从而影响企业行为（姜国华和饶品贵，2011）。鉴于此，证券分析师在进行预测时势必须要关注产业政策，才能更加及时地分析宏观政策对所追踪企业和所处行业的影响及经济后果，从而修正其盈余预测和投资评级。虽然政府采购订单的信息是公开信息，但是，由于分析师的时间和关注度有限，证券分析师并不一定可以及时识别、理解政府采购订单的信息含量。因而，证券分析师能否识别宏观政策，是否能够敏锐捕捉政策为企业带来的影响，是值得研究探讨急需解答的话题。

本章将要回答以下问题：同券商宏观分析师的存在是否会影响证券分析师对宏观政策的关注，同券商宏观分析师的存在是否会影响证券分析师的政策敏感性。关于证券分析师的政策敏感性是否会受到宏观分析师所影响的问题，在文献中的研究并不充分，因而值得研究讨论。

一方面，宏观分析师可能会给证券分析师的政策敏感性带来负面影响。考虑到企业政策敏感性和行业政策敏感性的差异，以及政策执行力度的差异，政策的影响效果也会有所不同。其一，宏观预测存在时间偏差，宏观政策带来的盈利改变会在未来一段时间才会体现。其二，宏观预测存在受众偏差，宏观政策的执行力度、宏观政策的执行效果与政策出台的初衷不符，企业的未来盈利与政策并不密切相关。由于宏观分析师对政策效果的判断分析有偏差，受此影响，证券分析师的预测准确度会降低。

另一方面，宏观分析师可能会给证券分析师的政策敏感性带来正面影响。其一，券商高薪聘请宏观分析师，花费资源组建宏观分析力量时，这种对宏观分析的重视会传染给证券分析师，从而影响证券分析师对宏观政策的关注。其二，“择其善者而从之”，证券分析师通过与宏观分析师同事的沟通，学习其宏观分析和预测思维，培养自己的宏观分析能力。宏观分析师的存在，是否会影响证券分析师的政策敏感性值得进行仔细的研究分析。

具体来说，本章将从特定的宏观政策——政府采购出发，探索宏观分析师影响证券分析师对宏观政策的敏感性。本章的研究问题包括以下几个问题：（1）证券分析师是否具有对政府采购的政策敏感性。（2）宏观分析师能否影响证券分析师的政策敏感性。（3）证券分析师的政策敏感性在不同特质的企业、宏观分析师、证券分析师和政策层面是否存在差异。（4）探讨政府采购政策影响企业的途径。本章的研究框架如图 5－1 所示。本章发现，宏观分析师的存在能够提升证券分析师的政策敏感性，证券分析师能够更好地解读政府采购对企业的正面影响。

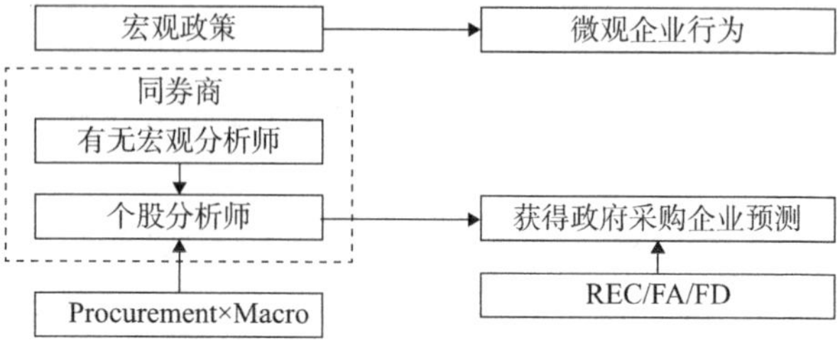

图 5－1　本章研究逻辑

本章的研究贡献主要体现在以下几个方面：（1）从投资者投资收益来看，本章发现政府采购订单的信息含量可以被分析师识别，因此投资者可以根据分析师报告的投资评级与投资意见进行投资，并且揭示了应该选择拥有同券商宏观分析师的证券分析师来追随，这对广大投资者，尤其是处于信息劣势的中小散户解读上市公司获取政府采购订单的信息含量具有实践指导意义。（2）从券商研究团队建设的视角来说，本书的研究发现证实了宏观分析师对券商的贡献，可以通过加强证券分析师与宏观分析师的沟通来提升研究部门的实力。（3）从企业竞争能力的角度来看，获得政府采购订单是利好的信号，可以增强企业的竞争能力，能够在同行业竞争中脱颖而出，对企业长期发展益处颇多。（4）从政府宏观调控的角度来看，为研究宏观政策的实施效果提供了有力依据，表明宏观采购确实能够提高企业的盈利能力和市场估值，而非低效与浪费，为政府采购、集中采购等政策的制定提供实证支持，对政府购买服务的改革与推行具有重要现实意义。

本章共包括 8 个小节。除本部分外，第二部分为文献综述，并在理论分析的基础上构建出本章的研究假说；第三部分为研究设计和数据来源；第四部分罗列了描述性统计，并对回归结果进行了分析；第五部分进行了分样本检验；第六部分为进一步分析；第七部分为稳健性检验，最后一部分对全章的研究结果进行总结。

5.2　文献综述与研究假说

5.2.1　政府采购制度

从理论上说，凡是能够影响经济主体行为的政府行为，都属于政府干预的手段，而政府影响企业的方式无外乎两种，一种是直接手段，例如直接的财政资助等方式，另一种则是间接手段，例如税收减免等（娄贺统和徐浩萍，2009）。政府采购是财政支出的重要组成部分，是形成一国消费需求的重要组成部分，具有宏观调控作用，为中小企业和不发达地区企业带来“造血式”的扶持作用。自 2003 年《中华人民共和国政府采购法》（以下简称《政府采购法》）实施以来，以政府订单为代表的国有部门采购行为在采购规模、采购范围和政策效果等方面都有了长足的发展。

据统计，政府采购在国民经济中的地位越来越重要，全国政府采购规模由 2002 年的 1009 亿元扩增到 2016 年的 31089. 8 亿元；占财政支出的比重进一步加大，由 2002 年的 4. 6% 提高到 2016 年的 11% 。而从世界范围来看，政府采购是国际通行的宏观调控手段，据统计，欧洲各国的政府采购金额占其国内生产总值（GDP）比例大约为 14% ；而美国 20 世纪 90 年代的数据则为 26% 左右，即约有 2000 亿美元的政府采购规模。因此，以政府采购为代表的国有部门采购[①]，是国家最大的消费者，对社会经济有着非常大的

① 本书研究以政府采购为主的国有部门采购（国有企业采购及政府采购），其中，政府采购是指各级党、政、军部门及政府事业单位的采购。

影响。

政府采购通过公开招标、竞争性谈判等方式，可以促使企业不断提高产品质量、服务质量和企业竞争力。《关于我国物流业信用体系建设的指导意见》(2014) 强调"政府采购要优先购买诚信企业的产品和服务"，获得国有部门采购订单的企业必是具有诚信的企业。因而，国有部门采购不仅满足了政府正常运转中对货物、需建的工程和服务的需要，还促进了经济持续健康发展。综上所述，政府采购是针对企业的"造血式"扶持手段，可以从销售、产品端助力企业发展。政府采购实行集中采购和分散采购相结合的方式。集中采购模式，是指由一个专门的政府采购机构负责本级政府的全部采购任务，是我国政府采购的常用模式。而有能力获得国有部门采购订单的企业，其产品质量、服务质量和声誉是具有竞争力的。

"政府采购应当有助于实现国家的经济和社会发展政策目标，包括保护环境，扶持不发达地区和少数民族地区，促进中小企业发展等"(《政府采购法》第九条)。这为国有部门采购政策功能的发挥提供了直接的法律依据。通过制定针对特定产业或地区的采购政策，可以引导产业结构的调整，助力供给侧结构性改革。据统计，2016 年政府采购合同授予中小微企业的总采购额为 24036.2 亿元，占全国政府采购规模的 77.3%。因此，对于企业和社会来说，国有部门采购往往能较好地配置资源，做到在满足政府对货物、工程和服务的需求同时，促进企业的创新与经济的发展，因此理应对企业的发展起到正面的促进作用。

5.2.2 证券分析师的政策敏感性

陈冬华等 (2010) 通过研究产业政策与企业债权股权决策的关系，发现产业政策帮助企业获得更多融资。宏观政策的推出和执行影响了经济产出，这还是经济学研究的一个重点，即宏观经济政策和经济产出的关系。在法治政府建设的今天，政府采购作为政府主体参与市场活动的交易行为，彰显政府公信力。政府采购是财政支出的重要组成部分，具有宏观调控作用，是国际通行的宏观调控手段，是形成一国消费需求的重要组成部分，为中小企业和不发达地区企业带来“造血式”的扶持作用，对社会经济有着重大的影响。来自国有部门的采购订单对企业而言如雪中送炭，不仅送来了大笔稳定可靠的订单收入，还是国有部门对其产品质量与企业发展的认可。因此，国有部门客户的存在对民企而言可谓一举两得，既能实现收入，还向市场发出积极的信号，帮助企业获得更多潜在的销路与发展机会。从声誉角度分析，企业一旦获得国有部门采购订单即获得好的口碑，会努力维持其品牌价值和产品质量。因而，政府采购能对企业产生正面的积极作用，

证券分析师在追踪分析公司时，能否敏锐观察政府采购政策对企业的影响是值得研究的问题。然而，这个问题的预期并不单一。

第一，证券分析师可能具有政策敏感性，能够识别获得政府采购订单对企业带来的益处。由于政府采购能对企业产生正面的积极作用，一方面，由于以政府客户为代表的国有部门通常由国家信用作支撑，他们的经营发展更安全稳定，因此其订单也相对持续稳定，故国有部门采购订单有助于减少上市公司经营风险与不确定性，进而减少了分析师作预测时面临的不确定性，有助于提升其预测精度；另一方面，国有部门订单的获得体现了企业的发展潜力与产品优势，向市场传达了有力的积极信号，因此它们可以帮助市场关注者形成共识，减少了不同分析师作预测时的分歧与偏差。有学者发现，上市公司信息披露的透明度对分析师的行为会产生影响，信息越充分，透明度越高，分析师的预测质量越高（方军雄，2007）。理论上，分析师预测的偏误与信息质量负相关，当上市公司披露的信息整体质量较高时，有助于降低分析师预测的分歧度（Brown 等，1987）。也有研究发现，分析师是通过提高投资者对公

司的认知度来提高公司基本面绩效的（Kevin K. Li 等，2015）。分析师倾向于关注行业龙头企业，并且追踪的分析师越多，对该公司的预测会越准确（Allaudeen Hameed 等，2015）。获得政府采购订单的企业通过披露信息，释放企业具有盈利能力和发展潜力的信号，分析师可以识别订单的信息含量，“看清现状”“看准趋势”，在作出更积极的投资评级同时，保持高的预测准确度。从而，对于获得国有部门采购订单越多的企业，分析师的预测准确度越高，预测分歧度也越低。

第二，证券分析师可能不具有政策敏感性。虽然分析师作为资本市场中专业的信息中介，可以起到降低信息不对称的作用，但是分析师最关注的财务报告信息是其主要产品及市场情况（胡奕明等，2003）。尽管大量的研究表明，上市公司披露的公开信息是分析师的重要信息来源（Schipper，1991），政府采购订单的披露属于公开信息，但是证券分析师除了针对公开信息进行专业解读，还会通过实地调研等方式广泛收集各种非公开信息。由于跟踪企业需要时间和注意力（Charles Lee 等，2017），证券分析师通过收集公开和非公开的信息，需要经过专业的解读才能对上市公司进行全面评估并预测。与此同时，分析师能够解读财务报告中的会计信息，包括非操控性应计（曲晓辉和毕超，2016）；甚至管理层在业绩说明会上的正面语调，也会对分析师荐股评级水平及其变动有显著正的影响（林乐和谢德仁，2017）。因而，迫于研究经验和分析能力的影响，在有限关注力假说的影响下，证券分析师可能并不能够及时识别政府采购订单对于企业的影响。

基于上述分析，并不能预判假说方向，本书提出了以下研究假说：

H5 - 1a：证券分析师能够识别政府采购订单的政策效果。

H5 - 1b：证券分析师并不能够识别政府采购订单的政策效果。

5.2.3　宏观分析师影响证券分析师的政策敏感性

研究表明，分析师的分析能力除了与自身因素有关外。在前文中已经对宏观分析师能否影响证券分析师识别经济形势这一问题进行探讨，顺着此研究思路，宏观分析师的存在是否会使得证券分析师更多关心宏观政策，宏观分析师的存在是否会影响证券分析师的政策敏感性，也是值得探讨的问题。因此，关于证券分析师的政策敏感性是否会受到宏观分析师所影响，在文献中的研究并不充分。

针对宏观分析师能否对证券分析师政策敏感性产生影响的问题进行探究，其回答并不一定都是积极的影响，可能有正面影响，也可能有负面影响。一方面，宏观分析师可能会给证券分析师的政策敏感性带来负面影响。尽管宏观政策预期会给微观企业带来影响，但是考虑到企业政策敏感性和行业政策敏感性的差异，以及政策执行力度的差异，政策的影响效果也会有所不同。一是宏观预测存在时间偏差，宏观政策带来的盈利改变会在未来一段时间才会体现。二是宏观预测存在受众偏差，宏观政策的执行力度、宏观政策的执行效果与政策出台的初衷不符，企业的未来盈利与政策并不密切相关。受能力、专长、时间、注意力等因素的限制，证券分析师对宏观的理解可能与普通投资者的差异并不显著。因此，由于宏观政策对不同企业的影响有差异，证券分析师单纯套用宏观预测后，反而会影响对具体企业的评级判断，可能会给证券分析师的预测带来负面影响，从而证券分析师无法作出更加准确的盈余预测。

另一方面，宏观分析师可能会给证券分析师的政策敏感性带来正面影响。其一，券商高薪聘请宏观分析师，花费资源组建宏观分析力量时，这种对宏观分析的重视会传染给证券分析师，从而影响证券分析师对宏观政策的关注。其二，“择其善者而从之”，证券分析师通过与宏观分析师同事的沟通，学习其宏观分析和预测思维，培养自己的宏观分析能力。宏观分析师通过对政策信息及时跟进，分析其对微观企业、国民经济和股市的影响。宏观分析师通过早会、午会、定期总结、不定形式的培训和问询等，将综合分析分享给同券商的证券分析师使用，通过与买方沟通、拜访调研等方式将观点传播给市场的机构参与者，并通过媒体、会议等传播给整个资本市场的相关各方。与此同时，前文中已经表明，证券分析师通常对经济形势的反应不足，而宏观分析师能够影响证券分析师的这种反应不足。因此，宏观分析师可能会给证券分析师的政策敏感性带来正面影响，使得证券分析师更好地识别政府采购政策，提升投资评级与预测准确度，降低预测分歧度。

基于以上分析，由于宏观分析师既有可能给证券分析师的政策敏感性带来正面影响，也有可能带来负向影响。因而无法预期假说方向，本书提出了以下研究假说：

H5 - 2a：同券商存宏观分析师的存在，能够影响证券分析师对政府采购政策效果的识别。

H5 - 2b：同券商存宏观分析师的存在，并不能影响证券分析师对政府采购政策效果的识别。

5.2.4 证券分析师的政策敏感性与政策稳定性

由于中国是转型经济体国家，其宏观政策具有多变性，故宏观经济的波动并不会呈现稳定的周期形态。经济政策不确定性显著提升了企业的风险承担（刘志远，2017）。经济政策会对企业投资成本产生影响，政策不确定会抑制企业投资行为（李凤羽，2015）。货币紧缩加剧了创新企业的融资约束，并使得创新投资更依赖内部资金（钟凯，2017）。研究发现，在总统大选时，证券分析师更需要华盛顿分析师的政策研究（D Bradley，2017）。

在我国，政府采购分为中央层级和地方层级的政府采购，其集中采购目录分别由国务院确定发布或由所在地方的省一级人民政府或者其授权的机构确定并公布。研究发现，地方政府财政行为对企业业绩产生影响（陈晓等，2001）。将政治关联进行层级区分后，相较于拥有中央政治关联，拥有地方政治关联对企业债务期限结构的影响更强（李健等，2013）。政府补贴在制度不完善时会出现倾向性。有学者发现，当制度不健全时，地方政府会根据政治联系对地方企业进行政府补贴（余明桂等，2010）。

近年来，地方政府采购乱象频出，采购流程复杂化，出现“萝卜采购”“先上马再招标”等问题。事实上，在中央层级的国有部门采购不断接受更高层级、更广范围的监督与管理时，其信息披露质量较地方层级的国有部门采购信息披露质量更高，并且中央层级政府采购注重社会公平和办事效率。正是不同层级的国有部门采购会对企业产生差异显著的市场影响，分析师在预测上市公司盈余状况时面临的风险与不确定性因素也大相径庭，相对于流程合规、管理合理的中央层级国有部门采购，地方层级的采购订单会给企业的发展带来一些额外的负面效应，难以厘清对企业盈利能力的最终影响，因此势必也会对分析师的预测行为产生干扰。

与政府补贴不同，政府采购的需求更显稳定。有学者将政府补贴分为偶发性、政策性和项目性。据统计，其中偶发性政府补助占整个政府补助规模的 51.13%；不同特性的政府补贴对企业盈利水平的影响是不同的（李馨子，2015）。虽然从总体上看，2012—2016 年我国政府采购规模占财政支出的比例稳定在 11%，同期政府采购占 GDP 的比例为 3% 左右，但是与政府补贴相似，企业获得国有部门采购订单也呈现偶发和持续的差别。盈余波动性对分析师预测有重要影响（岳衡，2008）；分析师倾向于关注低风险、收入波动小的公司（刘帅，2011）。稳定的国有部门采购订单是企业收入较小波动的保障，也能为分析师的预测提供较稳定的分析环境，减少不确定因素与分析波动。通过以上分析，可知由于政策的不稳定会对企业造成影响，因而政策不稳定性为证券分析师的预测带来困难。基于以上分析，提出本书的以下假说：

H5－3a：相对于地方层级的国有部门采购订单，中央层级的国有部门采购订单更有助于提升证券分析师的投资评级与预测准确度，降低预测分歧度。

H5－3b：相对于偶发性的国有部门采购订单，稳定性的国有部门采购订单更有助于提升证券分析师的投资评级与预测准确度，降低预测分歧度。

5.2.5 证券分析师的政策敏感性与产权性质

已有研究表明，宏观政策可以影响微观企业。比如，货币政策可以通过银行信贷渠道影响实体经济，即信贷供给量，从而影响经济中的投资情况，最终影响实体经济。学者基于行业数据研究发现，行业产出会受不同货币政策的中介目标的影响，且相较于货币供应量的变动，利率变动会产生更大的作用。而由于企业金融结构的不同，统一货币政策对不同的行业、不同的公司产生的影响也不尽相同（何静等，2009）。不同的研究学者，利用不同的方法从不同层面对货币政策的非对称影响进行了研究。利用我国每年制造行业的运行数据进行分析研究，有学者发现不同行业中的企业自身实力规模、风险承受能力、资金依赖程度都在或多或少左右着货币政策对各行业产生的非对称性影响效应（丁胜，2010）。利用建模分析的方法，学者从运营成本角度分析了货币政策对各行业的非对称影响效应（曹永琴，2011），也有学者利用债券比、规模、存货、流动、贷款率等数据，研究了货币政策的非对称影响效应（叶蓁，2010）。

在中国特殊的国情体制下，国有部门采购对不同类型企业的业绩增长势必产生不同的影响，因而考查企业自身的产权性质特征对这一效应的影响。众所周知，由于产权性质的不同，国有企业和民营企业获得政府补助的难易程度存在天壤之别。鉴于国企中大部分决策者具有政府部门和公司管理层的双重身份，因此他们与各级政府部门之间有着密不可分的利益联系。加上国企本身的产权属性，它们获取政府补助的力度与可能性都明显偏大（孔东民等，2013）。基于国企能获得更多的政治资源，因此国有部门采购对其而言所产生边际影响效果相对较少；而民营企业恰恰相反，不同于国有企业天然政治关联庇护下的低风险与源源不断的政府补助，民营企业面临的市场环境更为不利，竞争压力与市场风险时时激励着他们与时俱进、自我提升。来自国有部门的订单对民企而言如雪中送炭，不仅送来了大笔稳定可靠的订单收入，还是国有部门对民企产品质量与企业发展的认可。因此，国有部门客户的存在对民企而言可谓一举两得，既能实现收入，还向市场发出积极的信号，帮助民企获得更多潜在的销路与发展机会。

尽管目前尚无研究表明，企业的产权性质影响国有部门采购对企业的业绩增长效用，但余明桂等（2010）曾以民营企业获得政府补助为切入点，发现无政治联系的政府补助与企业绩效及社会绩效正相关，而有政治联系的政府补助与企业绩效及社会绩效负相关；郭剑花和杜兴强（2011）同样发现，有政治联系的民企其获得政府补助对公司绩效的促进作用显著低于没有政治关联的民企。基于相似的逻辑，本书认为相对于国企来说，国有部门采购对民企发展的边际效用更为明显。因此，缺乏国有部门订单支持的民营企业通常面临更为激烈的市场竞争与更为不利的发展环境，企业的盈利增长存在更多的不确定性，获得国有部门采购订单无疑能帮助他们实现更稳定、更持续的发展，对于关注他们的分析师来说，也减小了业绩预测所面临的不确定性因素，对分析师预测的边际帮助效用较其分析国有企业而言更为明显。由此，本书认为相对于国有企业，民营企业获得国有部门采购订单更有助于提升证券分析师的投资评级与预测准确度，并降低预测分歧度。基于以上分析，本书提出以下假说：

H5－4：相对于国有企业，民营企业获得国有部门采购订单更有助于提升证券分析师的投资评级与预测准确度，降低预测分歧度。

5.3 研究设计与数据

5.3.1 研究模型和变量定义

第一，政府采购与分析师预测。

在借鉴 Ke 和 Petroni（2004）的模型基础上，选用式（5－1）检验假说 H5－1。假说 H5－1 主要检验分析师能否识别宏观政策信息——国有部门采购订单对企业的影响，从而作出更准确的预测分析和更高的投资评级，即检验分析师是否“看准趋势”和“看清现状”。具体变量的定义详见表 5－1。

$$REC_{i,t}/FD_{i,t}/FA_{i,t}=\beta_1+\beta_2 Procurement_{i,t}+\beta_3 Sub_{i,t}+\beta_4 Size_{i,t}+\beta_5 PB_{i,t}+\beta_6 ROE_{i,t}+\beta_7 Shrhfd5_{i,t}+\beta_8 Insthld_{i,t}+\beta_9 StkVol_{i,t}+\beta_{10} EarVol_{i,t}+\beta_{11} Follow_{i,t}+\varepsilon \tag{5-1}$$

其中，分析师预测包括两个方面，“看的准”，即分析师预测准确度、预测分歧度；“看得清”，即投资评级。预测准确度的计算方法是，用第 t 期分析师每股盈余预测的均值与第 t 期每股盈余实际值的差的绝对值，除以第 t 期年末的股票收盘价而得。预测分歧度则是通过分析师每股盈余预测值的标准差除以年末的股票收盘价而得。投资评级采用的是第 t 期分析师对公司 i 的平均投资评级，按照 CSMAR 数据库统一换算标准，将投资评级转换为以下五种类型：卖出＝1，减持＝2，中性＝3，增持＝4，买入＝5，平均而得。

式（5－1）中 *Procurement* 为第 t 期国有部门采购额占企业总销售额的比例。具体的回归分析中，分别用政府采购（*Gov*）和国有部门（*State*）来代表。除政府机构的直接采购（*Gov*）外，国有企业作为公有制经济，发挥着政策配合的作用。因此，将国有企业的采购与政府的直接采购加总构成国有部门采购（*State*）。鉴于政府补助也是政府干预的手段，本书在李馨子（2015）等的研究基础上也构建了相应的控制变量，在控制变量中加入了公司同期获得的政府补助（*Sub*）。模型同时控制了公司层面的变量，包括公司规模（*Size*）、市净率（*PB*）、净资产收益率（*ROE*）、股权制衡度（*ShrHfd5*）、机构投资者持股比例（*Insthld*）、股票回报波动性（*StkVol*）、盈余波动性（*EarVol*）、分析师关注度（*Follow*）。

第二，宏观分析师对政策信息的识别。

在检验假说H5－2时，本书在前文模型的基础上设计式（5－2），检验当券商雇佣宏观分析师时对证券分析师预测的影响，构建虚拟变量*Macro*，按照券商内部是否有专业的宏观分析师，当存在宏观分析师时为1，否则为0。

表5－1　变量定义

变量符号	变量名称	变量定义
		因变量
REC_{it}	分析师投资评级	第t期分析师对公司i的平均投资评级，按照CSMAR数据库统一换算标准，将投资评级转换为以下五种类型：卖出＝1，减持＝2，中性＝3，增持＝4，买入＝5
FA_{it}	预测准确度	第t期分析师每股盈余预测的均值与第t期每股盈余实际值的差的绝对值，并除以第t期年末的股票收盘价
FD_{it}	预测分歧度	第t期分析师盈余预测的分歧度，算法为分析师每股盈余预测值的标准差，并除以年末的股票收盘价
		自变量
Gov_{it}	政府采购比例	第t期政府部门（各级党、政、军部门及政府事业单位）的采购额占企业总销售额的比例
$State_{it}$	国有部门采购比例	第t期政府部门（各级党、政、军部门及政府事业单位）以及国有企业的采购额占企业总销售额的比例
$Macro_{t}$	有无宏观分析师	第t期跟踪企业i的分析师所在券商是否有专业的宏观分析师或经济学家，有为1，无为0

续表

变量符号	变量名称	变量定义
控制变量		
$Size_{it}$	公司规模	第 t 期期末总资产的自然对数
PB_{it}	市净率	第 t 期权益总市值除以第 t 期权益账面值
ROE_{it}	净资产收益率	第 t 期的净利润除以第 t 期的净资产
$Shrhfd5_{it}$	股权制衡度	第 t 期期末第二至第五大股东持股比例平方和的自然对数
$Insthld_{it}$	机构投资者持股比例	第 t 期期末机构投资者持股比例
$StkVol_{it}$	股票回报波动性	第 t 期年内每日股票回报率的标准差
$EarVol_{it}$	盈余波动性	最近三年净利润的标准差
$Follow_{it}$	分析师关注度	第 t 期对公司 i 进行跟踪分析的分析师团队数量的自然对数
Sub_{it}	政府补助	第 t 期期末政府补助总额除以第 t 期期末总资产

$$REC_{i,t}/FD_{i,t}/FA_{i,t} = \beta_1 + \beta_2 Procurement_{i,t} + \beta_3 Procurement_{i,t} \times Macro_{i,t} + \beta_4 Macro_{i,t} + \beta_5 Size_{i,t} + \beta_6 PB_{i,t} + \beta_7 ROEi,t + \beta_8 Shrhfd5_{i,t} + \beta_9 Insthld_{i,t} + \beta_{10} StkVol_{i,t} + \beta_{11} EarVol_{i,t} + \beta_{12} Follow_{i,t} + \varepsilon \quad (5-2)$$

第三，宏观政策稳定性与分析师预测。

在检验国有部门采购订单对分析师投资评级的影响时，考虑采购主体的层级可能会影响结果，分为中央政府层级和地方政府层级进行研究；同时将订单按时长分为 3 类，最长的组为稳定性订单，最短的组为偶发性订单。在前文的基础上进一步设计了式（5－3）用以检验假说 H5－3。

$$REC_{i,t}/FD_{i,t}/FA_{i,t} = \beta_1 + \beta_2 Procurement-Center_{i,t} + \beta_3 Procurement-Local_{i,t} + \beta_4 Sub_{i,t} + \beta_5 Size_{i,t} + \beta_6 PB_{i,t} + \beta_7 ROE_{i,t} + \beta_8 Shrhfd5_{i,t} + \beta_9 Insthld_{i,t} + \beta_{10} StkVol_{i,t} + \beta_{11} EarVol_{i,t} + \beta_{12} Follow_{i,t} + \varepsilon \quad (5-3)$$

第四，企业的产权性质与分析师预测。

在检验产权性质对分析师预测的影响时，构建虚拟变量

Private，按照最终控制人性质，当上市公司为民营企时为1，否则为0。在前文模型的基础上设计式（5-4），选用式（5-4）检验假说H5-4。

$$REC_{i,t}/FD_{i,t}/FA_{i,t}=\beta_1+\beta_2 Procurement_{i,t}+\beta_3 Procurement_{i,t}\times Private_{i,t}+\beta_4 Private_{i,t}+\beta_5 Size_{i,t}+\beta_6 PB_{i,t}+\beta_7 ROE_{i,t}+\beta_8 Shrhfd5_{i,t}+\beta_9 Insthld_{i,t}+\beta_{10} StkVol_{i,t}+\beta_{11} EarVol_{i,t}+\beta_{12} Follow_{i,t}+\varepsilon \quad (5-4)$$

5.3.2　样本和数据

本书采用的国有部门采购数据来自A股上市公司年报中披露的前五大客户信息与国家企业信用信息公示系统披露的企业产权信息。由于上市公司年报中并不强制披露具体的客户信息，且2007年之前绝大部分企业都选择不披露详细的客户信息，直到2007年之后自愿披露客户信息的企业才逐年增加，因此本书的研究样本涵盖范围是2007—2015年年报数据。本书通过年报中披露的客户信息，结合国家企业信用信息公示系统披露的公司股东出资信息与企业类型数据，准确追溯公司客户中的国有控股企业与政府机构信息，从而匹配确定其中的国有部门客户。其他分析数据均来自CSMAR数据库和WIND数据库。

为了确保数据的完整性与可靠性，本书的研究对象须同时符合以下六点要求：（1）仅限于年报中披露了前五大销售客户信息的上市公司；（2）上市公司的客户企业股权结构清晰，可追溯控股股东；（3）删除前五大客户集中度低于1%样本[①]；（4）2007—2015年财务数据、分析师预测数据完整；（5）只保留每个分析师对各年度年报的最后一次预测值；（6）各变量上下去除1%极值。通过以上的数据筛选，本书最终手工整理获得1496家上市公司样

① 当企业客户过于分散时，难以衡量单一类型客户对企业销售的影响，故去除前五大客户集中度小的样本。

本，共计 6586 个公司年度观测值。

表 5－2 反映研究样本的分布情况。正如前文所言，由于国家各级机关、事业单位、团体组织都属于国有部门采购的主体。因此，本书将国有部门采购订单分别细化为政府部门和国有企业的采购订单。Panel A 从客户性质来进行了统计，其中采购主体是政府部门的有 774 个观测，占总样本比例为 11.75%；采购主体是国有企业的有 4394 个观测，占总样本比例为 66.71%；而采购主体是外企和民企的有 6155 个观测，占总样本比例为 93.46%。这一结果说明，大部分企业都有来自外企和民企的客户，有六成企业能获得国有部门的采购订单，而仅有一成企业能获得政府部门的采购订单。由于部分企业的客户同时包含了政府、国企以及私企外企等，故 Panel A 中的比例统计之和超过 100%。而从获得国有部门采购订单的持续时间来看，Panel B 的统计结果表明国有部门采购订单呈现比较稳定的趋势，其中 56.08% 的企业持续时间为 4 到 6 年，甚至有 13.71% 的企业持续时间为 7 到 9 年。

表 5－2　　样本分布

Panel A：客户性质		
客户性质	样本数	占样本比例（%）
政府部门	774	11.75
国有企业	4394	66.71
其他企业（外企、民企）	6155	93.46
总计	6586	
Panel B：稳定性		
采购时长（年）	公司数	占样本比例（%）
[1，3]	452	30.21
[4，6]	839	56.08
[7，9]	205	13.71
总计	1496	100

表5－3反映研究样本的行业分布和年度分布情况。从行业分布来看，2014年国务院常务会议针对“推进政府向社会力量购买公共服务，部署加强城市基础设施建设”等方面指出“创新方式，提供更好的公共服务”，表明政府加快职能转变，为满足人民需求的日益丰富，将有越来越多产品和服务通过政府购买来实现，因而政策也呈现了明显的行业特征。Panel A分行业说明了上市公司获得政府采购的情况，本书发现获得国有部门采购订单最多的是制造业，占比62.12%；信息传输、软件和信息技术服务业排名第二，占比6.48%；电力、热力、燃气及水生产和供应业排名第三，占比5.74%。从Panel B年度分布来看，由于信息披露制度和相关政策的限制，2007年和2008年观测值比例较低，2009—2015年观测值数量较稳定。

表5－3　　样本行业分布和年度分布

Panel A：行业分布

行业	样本数	占样本比例（%）
采矿业	252	3.83
电力、热力、燃气及水生产和供应业	378	5.74
房地产	283	4.30
建筑业	210	3.19
农、林、牧、渔业	101	1.53
批发和零售业	268	4.07
信息传输、软件和信息技术服务业	427	6.48
制造业	4091	62.12
其他	576	8.75
总计	6586	100.00

续表

Panel B：年度分布		
统计年份	观测值	占样本比例（%）
2007	75	1.14
2008	160	2.43
2009	681	10.34
2010	881	13.38
2011	1069	16.23
2012	1265	19.21
2013	1168	17.73
2014	609	9.25
2015	678	10.29
总计	6586	100.00

表5－4 Panel A 描述了产权性质与国有部门采购的分布情况。数据显示，获得政府部门采购订单的国有企业，其平均采购额占比为16.72%；获得政府部门采购订单的民营企业，其平均采购额占比为4.90%。国有部门采购订单的分布情况与之类似，即国企和民企之间有显著差异，说明国有企业较民营企业获得更多的政府部门采购订单。Panel B 介绍了订单特征与国有部门采购的分布情况，在政府部门采购订单中，采购主体是中央层级的订单，其平均采购额占比为4.17%；采购主体是地方层级的订单，其平均采购额占比为8.93%。国有部门采购订单的分布情况与之类似，即中央层级和地方层级的采购订单之间有显著差异，说明更多的国有部门采购订单是来自地方层级的采购订单。

表5-4　　订单特征与国有部门采购分布

Panel A：国企 Vs. 民企					
订单来源	国企		民企		差异
	平均采购额占比	样本数	平均采购额占比	样本数	（国企-民营）
政府部门	16.72%	537	4.90%	237	11.82%***
国有部门	30.98%	3103	7.80%	1291	23.18%***

Panel B：中央 Vs. 地方					
订单来源	中央		地方		差异
	平均采购额占比	样本数	平均采购额占比	样本数	（中央-地方）
政府部门	4.17%	199	8.93%	612	-4.76%**
国有部门	9.07%	998	15.10%	4077	-6.03%**

注：***、**、*分别表示在1%、5%和10%的水平上显著。

5.4　实证结果

5.4.1　描述性统计

表5-5列示了各主要变量的描述性统计。从中可以发现，分析师对上市公司的平均投资评级为4.02，即主要以“增持”的投资评级为主，结合我国分析师投资评级的现状与之前的研究文献，如赵良玉等（2013）与全怡等（2014），这一数据也比较符合行业的实情；而样本中分析师的预测准确度与预测分歧度在分布上都有较大差异，这也为本书的分析研究留下了空间。与此同时，在获得政府部门（国有部门）订单的企业样本中，政府部门（国有部门）订单占企业销售额的平均比例超过13%（24%），足以可见政府客户对企业的影响力不容小觑。另外在政府补助这一块，上市公司平均获得政府补助的总额约占总资产的1%。同时，上市公司平均每

年有2.6位分析师跟踪，公司被聘请宏观分析师券商跟踪的概率为62%。

表5-5　变量描述性统计结果

变量名	均值	样本数	标准差	25%	中位数	75%
REC	4.024	6586	1.097	4	4	5
FA	0.020	6586	0.027	0.006	0.023	0.029
FD	0.013	6586	0.016	0.004	0.015	0.018
Gov（%）	13.101	774	16.192	2.857	6.483	16.370
State（%）	24.174	4394	22.549	7.954	15.456	33.262
Sub_{it}	0.011	6586	0.019	0.002	0.005	0.012
$Private_{it}$	0.430	6586	0.609	0	0	1
$Macro_{it}$	0.617	6586	0.486	0	1	1
$Size_{it}$	21.902	6586	1.836	20.643	23.079	25.114
PB_{it}	3.776	6586	3.520	1.608	3.152	4.838
ROE_{it}	0.093	6586	0.108	0.038	0.097	0.146
$Shrhfd5_{it}$	0.311	6586	0.028	0.223	0.307	0.342
$Insthld_{it}$	0.185	6586	0.244	0.087	0.209	0.311
$StkVol_{it}$	0.234	6586	0.197	0.087	0.194	0.303
$EarVol_{it}$	0.036	6586	0.008	0.027	0.033	0.040
$Follow_{it}$	2.623	6586	1.093	1.792	3.020	3.466

5.4.2 主要实证结果

表5-6列示了假说H5-1a与假说H5-1b的回归结果，分别从分析师的投资评级、预测准确度和预测分歧度进行回归检验。从表5-6中可以看到，国有部门采购订单对于分析师投资评级有提升作用，无论是政府部门（$\beta=4.636$）还是国有部门（$\beta=3.297$）的采购订单，其比例越高，分析师的投资评级越高，且结果显著。同时，政府部门采购比例与分析师预测准确度（$\beta=-0.158$）和

分歧度（$\beta = -0.117$）呈现负相关，国有部门与政府部门的回归结果类似；说明国有部门采购比例越高，分析师预测的准确度越高，分歧度越低，且结果显著。其中，政府部门采购订单较国有部门采购订单对分析师预测的提升效果更明显。

表 5-6　国有部门采购比例与证券分析师预测的回归分析

	REC_t	REC_t	FA_t	FA_t	FD_t	FD_t
Gov	4.636*		-0.158**		-0.117**	
	(1.80)		(-2.14)		(-2.05)	
State		3.297*		-0.122**		-0.080*
		(1.69)		(-1.98)		(-1.86)
Sub	-13.552*	-9.802*	0.219***	0.256**	0.203**	0.173**
	(-1.74)	(-1.92)	(2.63)	(2.26)	(1.97)	(2.10)
Size	0.114*	0.089**	0.019***	0.013***	0.016**	0.020**
	(1.91)	(2.25)	(2.90)	(2.76)	(2.09)	(1.96)
PB	0.157**	0.136*	-0.014*	-0.007*	-0.028**	-0.017*
	(2.14)	(1.95)	(-1.87)	(-1.71)	(-2.24)	(-1.94)
ROE	0.819**	0.842***	-0.073**	-0.085**	-0.056	-0.042
	(2.35)	(2.76)	(-2.23)	(-2.16)	(-1.05)	(-1.48)
Shrhfd5	0.507	0.665	-0.007**	-0.006*	-0.004*	-0.003**
	(1.28)	(1.39)	(-2.00)	(-1.67)	(-1.82)	(-1.98)
Insthld	1.258	1.637*	-0.012**	-0.016**	-0.009**	-0.006*
	(1.58)	(1.76)	(-2.18)	(-2.36)	(-2.02)	(-1.75)
StkVol	-0.914*	-0.737	0.011***	0.009***	0.008***	0.013***
	(-1.71)	(-1.59)	(4.41)	(3.79)	(3.23)	(4.08)
EarVol	-3.080*	-2.643*	0.018	0.020	0.006	0.005
	(-1.81)	(-1.73)	(0.51)	(0.66)	(0.32)	(0.47)
Follow	0.149**	0.116**	-0.016*	-0.019**	-0.008*	-0.011*
	(2.17)	(2.06)	(-1.85)	(-1.96)	(-1.73)	(-1.80)

续表

	REC_t	REC_t	FA_t	FA_t	FD_t	FD_t
Constant	3.825*	3.594**	-0.043**	-0.035**	-0.027*	-0.041**
	(1.73)	(1.97)	(-1.99)	(-2.03)	(-1.79)	(-2.31)
Industry Fixed Effects	Yes	Yes	Yes	Yes	Yes	Yes
Year Fixed Effects	Yes	Yes	Yes	Yes	Yes	Yes
N	6586	6586	6586	6586	6586	6586
R^2	0.186	0.213	0.097	0.108	0.135	0.160

注：括号内为t值，***、**、*分别表示在1%、5%和10%的水平上显著。

回归结果与假设预期一致，论证了证券分析师对国有部门采购订单的识别能力。特别是，政府补助对于分析师的预测起到相反方向的作用，政府补助比例越高，分析师对公司的评级越低，预测越不准确，分歧度越高。在公司特征上，规模越大、市净率越高、净资产收益率越高、股权制衡度越大、机构投资者持股比例越高、股票回报波动性越小、分析师关注度越大的公司，其分析师预测的投资评级和准确度越高、分歧度越低，这与文献综述中相一致。

表5-7从宏观解读能力角度对假说H5-2进行回归检验。从表5-7中可以看到，在采购主体为政府部门时，政府采购订单占比与Macro（有无宏观分析师）的交乘项回归系数，在投资评级上显著为正（$\beta=1.636$），在预测准确度（$\beta=-0.059$）和分歧度（$\beta=-0.050$）上显著为负。这说明同券商宏观分析师的存在能够影响证券分析师，相较于没有同券商宏观分析师的证券分析师来说，其给出的投资评级更高、预测越准确、分歧度越低。国有部门采购订单的回归结果类似，也就是说，无论是政府部门还是国有部门的采购订单，回归结果表明同券商宏观分析师的存在能够影响证券分析师对政府采购政策效果的识别，进而提升投资评级与预测准确度，并降低了预测分歧度，验证了假说H5-2的成立。

表 5-7　国有部门采购比例与宏观分析师的回归分析

	REC_t	REC_t	FA_t	FA_t	FD_t	FD_t
Gov	3.165*		-0.108**		-0.066*	
	(1.72)		(-1.97)		(-1.75)	
Gov × Macro	1.636**		-0.059**		-0.050**	
	(2.05)		(-2.17)		(-2.26)	
State		2.247		-0.083*		-0.052*
		(0.82)		(-1.91)		(-1.85)
State × Macro		1.439**		-0.041**		-0.026**
		(2.27)		(-2.30)		(-2.14)
Macro	0.286	0.153	-0.011***	-0.007**	-0.003	0.002
	(1.02)	(0.95)	(-2.62)	(-2.45)	(-1.01)	(0.84)
Control Variables	Yes	Yes	Yes	Yes	Yes	Yes
Industry Fixed Effects	Yes	Yes	Yes	Yes	Yes	Yes
Year Fixed Effects	Yes	Yes	Yes	Yes	Yes	Yes
N	6586	6586	6586	6586	6586	6586
R^2	0.194	0.231	0.111	0.127	0.153	0.176

注：***、**、* 分别表示在 1%、5% 和 10% 的水平上显著。

表 5-8 从采购主体的层级角度对假说 H5-3a 进行回归检验。从表 5-8 中可以看到，当采购主体为中央层级时，政府部门采购比例越高，证券分析师的投资评级越高（$\beta = 6.259$），相较于地方层级政府采购的系数更大（$6.259 > 3.107$）；同时，政府部门采购比例越高，证券分析师的预测越准确（$\beta = -0.257$）、分歧度越低（$\beta = -0.232$），相较于地方层级政府采购的系数更小（$-0.257 < -0.116$，$-0.232 < -0.068$），且结果均显著；国有部门采购的结果类似。这说明无论是政府部门还是国有部门的采购订单，相较于地方层级来说，中央层级的采购订单更能提升证券分析师的投资评级、预测准确度，降低预测分歧度，与研究假说 H5-3a 的预期一

致。同时，国有部门采购订单对证券分析师预测的提升作用结果依然存在，结果与假说 H5-1 一致。

表 5-8　各层级国有部门采购比例与证券分析师预测的回归分析

	REC_t	REC_t	FA_t	FA_t	FD_t	FD_t
Gov-Central	6.259**		-0.257***		-0.232**	
	(2.29)		(-2.73)		(-2.43)	
Gov-Local	3.107*		-0.116*		-0.068*	
	(1.80)		(-1.79)		(-1.82)	
State-Central		5.418**		-0.185***		-0.145***
		(2.13)		(-2.68)		(-2.86)
State-Local		2.043*		-0.081*		-0.047
		(1.66)		(-1.92)		(-1.19)
Sub	-11.763*	-9.114*	0.172**	0.235**	0.224**	0.187**
	(-1.70)	(-1.88)	(2.22)	(2.31)	(2.06)	(2.24)
Size	0.101**	0.067*	0.014**	0.011**	0.019**	0.025*
	(1.96)	(1.95)	(2.49)	(2.05)	(2.17)	(1.92)
PB	0.129**	0.108**	-0.020*	-0.012	-0.026**	-0.017**
	(2.21)	(1.99)	(-1.84)	(-1.51)	(-2.11)	(-2.06)
ROE	0.846**	0.803**	-0.063**	-0.074**	-0.059	-0.048
	(2.28)	(2.54)	(-2.14)	(-2.33)	(-1.12)	(-1.07)
Shrhfd5	0.624*	0.600	-0.007*	-0.005	-0.005*	-0.003**
	(1.72)	(1.49)	(-1.85)	(-1.62)	(-1.70)	(-2.18)
Insthld	1.209*	1.571*	-0.019**	-0.017**	-0.010*	-0.007*
	(1.67)	(1.74)	(-2.03)	(-2.29)	(-1.85)	(-1.77)
StkVol	-0.752	-0.663	0.016***	0.012***	0.008***	0.014***
	(-1.63)	(-1.52)	(4.28)	(3.79)	(3.63)	(4.52)
EarVol	-2.974*	-2.701*	0.027	0.022	0.008	0.005
	(-1.86)	(-1.79)	(0.36)	(0.57)	(0.49)	(0.68)

续表

	REC_t	REC_t	FA_t	FA_t	FD_t	FD_t
Follow	0.187**	0.145**	-0.026**	-0.023*	-0.015*	-0.013*
	(2.13)	(2.05)	(-1.97)	(-1.94)	(-1.76)	(-1.87)
Constant	3.570*	3.112*	-0.053**	-0.040**	-0.039**	-0.046**
	(1.78)	(1.90)	(-1.98)	(-2.25)	(-1.97)	(-2.20)
Industry Fixed Effects	Yes	Yes	Yes	Yes	Yes	Yes
Year Fixed Effects	Yes	Yes	Yes	Yes	Yes	Yes
N	6586	6586	6586	6586	6586	6586
R^2	0.195	0.227	0.104	0.117	0.164	0.187

注：括号内为 t 值，***、**、* 分别表示在 1%、5% 和 10% 的水平上显著。

表 5-9 和表 5-10 从采购订单的稳定性角度对假说 H5-3b 进行回归检验。从表 5-9 和表 5-10 中可以看到，对于稳定性的政府采购订单来说，其采购占比与证券分析师投资评级正相关（$\beta=5.844$），较偶发性订单的系数更大（5.844 > 3.279）；且稳定订单的采购占比与预测准确度（$\beta=-0.202$）和分歧度（$\beta=-0.16$）负相关，较偶发订单的系数更小（-0.202 < -0.043）；国有部门采购订单的结果与之类似。这说明，无论是政府部门还是国有部门，稳定性的采购订单比例越高，证券分析师预测的投资评级越高、准确度越高、分歧度越低。虽然政府部门的偶发性采购订单对证券分析师预测准确度也有提升作用，但是较稳定性订单来说更低。其中，偶发性国有部门采购订单的回归结果不显著，这可能是偶发性订单的对企业作用不足所致，从侧面说明稳定性的采购订单，为企业带来稳定的收入，降低了分析师的预测不确定性。

表 5-9　　偶发性订单与证券分析师预测的回归分析

	REC_t	REC_t	FA_t	FA_t	FD	FD
Gov	3.279		-0.043*		0.034	
	(1.46)		(-1.76)		(0.75)	

续表

	REC_t	REC_t	FA_t	FA_t	FD	FD
State		2.928		-0.038		0.027
		(1.30)		(-1.63)		(0.58)
Sub	-14.791**	10.283***	0.236***	0.214***	0.212***	0.199***
	(-1.99)	(-2.70)	(3.37)	(3.52)	(3.18)	(3.45)
Size	0.102*	0.101**	0.017**	0.013**	0.013**	0.020*
	(1.83)	(2.06)	(2.23)	(2.15)	(2.09)	(1.88)
PB	0.116**	0.096**	-0.013*	-0.006	-0.022**	-0.017*
	(2.18)	(2.01)	(-1.77)	(-1.45)	(-2.04)	(-1.86)
ROE	0.769**	0.754**	-0.065**	-0.070**	-0.051	-0.049
	(2.17)	(2.36)	(-2.25)	(-2.37)	(-1.28)	(-1.09)
Shrhfd5	0.592	0.683	-0.007*	-0.006*	-0.005**	-0.004**
	(1.37)	(1.45)	(-1.93)	(-1.82)	(-1.98)	(-2.07)
Insthld	1.194*	1.807*	-0.016**	-0.017**	-0.010**	-0.007**
	(1.70)	(1.72)	(-2.14)	(-2.29)	(-1.99)	(-2.03)
StkVol	-0.961*	-0.755*	0.012***	0.011***	0.008***	0.017***
	(-1.74)	(-1.67)	(4.72)	(3.85)	(4.03)	(4.50)
EarVol	-3.168*	-2.882*	0.023	0.029	0.005	0.005
	(-1.88)	(-1.79)	(0.42)	(0.70)	(0.59)	(0.66)
Follow	0.150**	0.104**	-0.021**	-0.019**	-0.012*	-0.014*
	(2.07)	(2.24)	(-2.15)	(-2.07)	(-1.74)	(-1.72)
Constant	3.846*	3.629*	-0.052**	-0.036**	-0.039**	-0.050**
	(1.79)	(1.92)	(-2.03)	(-2.29)	(-1.97)	(-2.21)
Industry Fixed Effects	Yes	Yes	Yes	Yes	Yes	Yes
Year Fixed Effects	Yes	Yes	Yes	Yes	Yes	Yes
N	6586	6586	1652	1652	1652	1652
R^2	0.161	0.195	0.087	0.091	0.100	0.112

注：括号内为 t 值，***、**、* 分别表示在 1%、5% 和 10% 的水平上显著。

表 5 - 10　稳定性订单与证券分析师预测的回归分析

	REC_t	REC_t	FA_t	FA_t	FD	FD
Gov	5.844 **		-0.202 ***		-0.160 ***	
	(2.31)		(-2.82)		(-2.72)	
State		4.607 ***		-0.185 **		-0.114 **
		(2.67)		(-2.47)		(-1.98)
Sub	-12.146 *	-9.203 *	0.153 **	0.205 **	0.199 *	0.178 **
	(-1.69)	(-1.80)	(2.27)	(2.06)	(1.83)	(2.03)
Size	0.121 **	0.076 **	0.014 **	0.010 **	0.015 **	0.019 **
	(2.11)	(2.06)	(2.32)	(2.17)	(2.05)	(1.99)
PB	0.135 **	0.114 *	-0.015 *	-0.011 *	-0.027 **	-0.021 **
	(2.15)	(1.94)	(-1.73)	(-1.68)	(-2.22)	(-2.02)
ROE	0.807 **	0.829 **	-0.061 **	-0.073 **	-0.053 *	-0.045 **
	(2.10)	(2.34)	(-2.16)	(-2.33)	(-1.72)	(-2.08)
Shrhfd5	0.564 *	0.643 *	-0.005 *	-0.007	-0.006	-0.003 **
	(1.75)	(1.68)	(-1.86)	(-1.43)	(-1.51)	(-2.10)
Insthld	1.282	1.715 *	-0.012 **	-0.014 **	-0.009	-0.006
	(1.62)	(1.70)	(-2.19)	(-2.22)	(-1.65)	(-1.53)
StkVol	-0.842	-0.697	0.016 ***	0.012 ***	0.012 ***	0.018 ***
	(-1.60)	(-1.57)	(3.99)	(2.73)	(3.02)	(3.15)
EarVol	-2.591	-2.251	0.020	0.024	0.009	0.007
	(-1.64)	(-1.58)	(0.36)	(0.64)	(0.59)	(0.71)
Follow	0.153 **	0.120 **	-0.026 **	-0.023 **	-0.015 **	-0.012 **
	(2.18)	(2.12)	(-2.11)	(-2.08)	(-1.97)	(-2.00)
Constant	3.692 **	3.471 **	-0.064 **	-0.049 **	-0.036 **	-0.042 ***
	(1.98)	(2.02)	(-2.18)	(-2.12)	(-1.96)	(-2.64)
Industry Fixed Effects	Yes	Yes	Yes	Yes	Yes	Yes
Year Fixed Effects	Yes	Yes	Yes	Yes	Yes	Yes
N	6586	6586	1648	1648	1648	1648
R^2	0.202	0.223	0.113	0.136	0.163	0.179

注：括号内为 t 值，***、**、* 分别表示在 1%、5% 和 10% 的水平上显著。

表5-11从企业产权性质角度对假说H5-4进行回归检验。从表5-11中可以看到，对于政府采购订单来说，第（1）列的*Private*（是否民企）与政府采购的交乘项结果为正（$\beta=1.375$）且显著，说明相较于国有企业，民营企业获得政府采购订单的信息含量更大；企业获得政府采购订单的占比越大，相较于国有企业（$\beta=3.528$），分析师对民企给出更高的投资评级。同时，第（3）和第（5）列的交乘项系数为负（$\beta=-0.047$，$\beta=-0.024$）且显著，说明，企业获得政府采购订单的占比越大，相较于国有企业，分析师对民企给出的预测越准确、分歧度越低。国有部门采购的结果与政府采购的结果类似，说明相对于国有企业，民营企业获得国有部门采购订单更有助于提升证券分析师的投资评级与预测准确度，并降低了预测分歧度，回归结果为假说H5-4提供了实证证据作支持。

表5-11　国有部门采购比例与证券分析师预测的回归分析（企业性质）

	(1)	(2)	(3)	(4)	(5)	(6)
	REC_t	REC_t	FA_t	FA_t	FD_t	FD_t
Gov	3.528*		-0.120**		-0.097**	
	(1.82)		(-1.96)		(-2.04)	
Gov×*Private*	1.375**		-0.047***		-0.024**	
	(2.41)		(-2.77)		(-2.30)	
State		2.342		-0.096*		-0.058*
		(1.43)		(-1.88)		(-1.69)
State×*Private*		1.067**		-0.032**		-0.014*
		(2.19)		(-2.23)		(-1.95)
Private	0.263	0.315	-0.014**	-0.018**	-0.009*	-0.007*
	(1.04)	(1.48)	(-2.17)	(-2.05)	(-1.77)	(-1.92)

续表

	(1)	(2)	(3)	(4)	(5)	(6)
	REC_t	REC_t	FA_t	FA_t	FD_t	FD_t
Sub	12.757*	9.476*	0.207**	0.230**	0.202**	0.188**
	(1.68)	(1.70)	(2.17)	(2.14)	(2.06)	(2.20)
Size	0.132*	0.082*	0.018***	0.014***	0.015***	0.020***
	(1.78)	(1.95)	(2.91)	(3.06)	(2.71)	(2.83)
PB	0.148*	0.140*	-0.018*	-0.013**	-0.024*	-0.017**
	(1.84)	(1.75)	(-1.78)	(-1.97)	(-1.94)	(-2.01)
ROE	0.765**	0.871**	-0.059*	-0.071*	-0.056*	-0.049*
	(2.04)	(2.36)	(-1.79)	(-1.83)	(-1.89)	(-1.66)
Shrhfd5	0.512*	0.694*	-0.008**	-0.006*	-0.005**	-0.003**
	(1.83)	(1.69)	(-2.05)	(-1.74)	(-1.96)	(-2.08)
Insthld	1.203	1.543	-0.016**	-0.013**	-0.011**	-0.009*
	(1.39)	(1.64)	(-2.02)	(-2.16)	(-1.99)	(-1.77)
StkVol	-0.877*	-0.802*	0.012***	0.011***	0.013***	0.017***
	(-1.75)	(-1.82)	(4.52)	(3.17)	(3.95)	(3.86)
EarVol	-3.016*	-2.583*	0.021	0.024	0.007	0.008
	(-1.85)	(-1.76)	(0.41)	(0.69)	(0.52)	(0.63)
Follow	0.155*	0.109**	-0.027**	-0.023**	-0.016***	-0.015***
	(1.87)	(2.12)	(-2.00)	(-1.98)	(-2.65)	(-2.89)
Constant	3.678*	3.502**	-0.068***	-0.054**	-0.047***	-0.052**
	(1.80)	(1.99)	(-2.84)	(-2.11)	(-2.90)	(-2.04)
Industry Fixed Effects	Yes	Yes	Yes	Yes	Yes	Yes
Year Fixed Effects	Yes	Yes	Yes	Yes	Yes	Yes
N	6586	6586	6586	6586	6586	6586
R^2	0.192	0.226	0.106	0.119	0.155	0.192

注：括号内为t值，***、**、*分别表示在1%、5%和10%的水平上显著。

5.5 分样本检验

基于前文研究，本书发现宏观分析师可能影响证券分析师的政策敏感性，但是考虑到受所追踪企业的不同、所分析行业的不同、自身的不同以及宏观分析师的不同，每位证券分析师受到宏观分析师的影响可能存在差异。因而为进一步分析宏观分析师能否影响证券分析师的政策敏感性问题，本书通过检验在不同的企业层面、政策层面和宏观分析师层面的横截面分析，试图回答不同情况下宏观分析师对证券分析师政策敏感性影响的可能性差异。

5.5.1 政策层面

经济政策的不稳定，意味着企业未来的风险可能会增大，因此，政策不稳定性会对企业带来影响。饶品贵等（2017）发现，当经济政策不确定时，企业的高管变更会受到影响。刘志远（2017）认为，经济政策不确定性显著提升了企业的风险承担。与此同时，研究发现，在总统大选时，证券分析师更需要华盛顿分析师的政策研究（D Bradley，2017）。因此，选择政策稳定性探究宏观分析师对证券分析师政策敏感性的影响问题，具体分为高稳定性政策和低稳定性政策，对证券分析师受宏观分析师的影响进行回归检验。在前文的描述性统计基础上，将政府采购订单按时长进行排序，分为高稳定组和低稳定组。

研究发现，将政治关联进行层级区分后，相较于拥有中央政治关联，拥有地方政治关联对企业债务期限结构的影响更强（李健等，2013）。通过综述政治关联相关的文献可知，不同层级的政策往往具有不同效果，有不同的支持倾向，和不同的执行力度。因此，本书选择中央政策和地方政策两个维度来探究宏观分析师对证券分析师政策敏感性的影响问题。将政策支持力度分为中央层级和地方层级的政策。围绕宏观分析师对证券分析师影响的效果是否存在政策稳定性和政策层级上的差异，进行分样本检验，回归的结果如表5－12所示。

表5－12　宏观分析师、证券分析师与政策敏感性（政策异质性）

	(1)	(2)	(3)	(4)
	Central	*Local*	*High STAB*	*Low STAB*
	FA_t	FA_t	FA_t	FA_t
Gov	-0.153**	-0.075*	-0.137**	-0.081*
	(-2.47)	(-1.85)	(-2.52)	(-1.69)
Gov × Macro	-0.071**	-0.052	-0.084**	-0.039
	(-2.36)	(-1.46)	(-2.01)	(-1.25)
Macro	-0.015	-0.009	-0.016	-0.007
	(-1.28)	(-1.08)	(-1.21)	(-1.05)
Constant	-0.074**	-0.042**	-0.065**	-0.048**
	(-2.29)	(-2.31)	(-1.98)	(-2.43)
Analyst Controls	Included	Included	Included	Included
Broker Controls	Included	Included	Included	Included
Firm Controls	Included	Included	Included	Included
Industry Fixed Effects	Yes	Yes	Yes	Yes
Year Fixed Effects	Yes	Yes	Yes	Yes
N	3291	3286	3288	3282
R^2	0.133	0.137	0.113	0.128

注：括号内为t值，***、**、*分别表示在1%、5%和10%的水平上显著。

从表5－12中可以看到，同券商宏观分析师的存在能够影响证券分析师对政府采购政策效果的识别，进而提升预测准确度，这种情况受政策层面的影响。具体来说，政府采购订单占比与Macro（有无宏观分析师）的交乘项回归系数，第（1）和第（3）列中，预测准确度的系数（$\beta = -0.071$，$\beta = -0.084$）显著为负，说明同券商宏观分析师的存在能够影响证券分析师的政策敏感性，表现为高预测准确度，当获得中央层级的政策支持以及获得稳定政策支持时，宏观分析师对证券分析师的政策敏感性产生影响的可能更大。

5.5.2 企业层面

基于前文的讨论，发现国有部门采购订单的分布情况中，即国企和民企之间有显著差异，说明国有企业较民营企业获得更多的政府部门采购订单。国有企业和民营企业在获得政策支持上存在差异，但是，这种差异在政治关联的建立中得到缓解。研究发现，有政治关联的民企较没有政治关联的民企获得更多的政府补助（郭剑华和杜兴强，2011）。因此，不同企业性质会可能会影响宏观分析师对证券分析师的影响存在性。选用 CSMAR 数据库中关于企业是否是国有企业的指标进行划分，分为国企组和民企组。

表 5－13 呈现了企业层面的分样本检验结果。从表中可知，当证券分析师跟踪民营企业时，其政策敏感性受宏观分析师影响的可能性更大，具体来说，政府采购订单占比与 Macro（有无宏观分析师）的交乘项回归系数显著为负（$\beta = -0.062$），说明民营企业的企业特质，使得同券商宏观分析师的存在更有可能影响证券分析师的政策敏感性，表现出高预测准确度，这与前文的检验相符。

表 5－13　宏观分析师、证券分析师与政策敏感性（企业异质性）

	(1)	(2)
	PRIV	*SOE*
	FA_t	FA_t
Gov	−0.129**	−0.093*
	(−2.51)	(−1.82)

续表

	(1)	(2)
	PRIV	*SOE*
	FA_t	FA_t
Gov × Macro	-0.062**	-0.047
	(-2.14)	(-1.32)
Macro	-0.014	-0.009
	(-1.57)	(-1, 09)
Constant	-0.073**	-0.052**
	(-2.28)	(-2.39)
Analyst Controls	Included	Included
Broker Controls	Included	Included
Firm Controls	Included	Included
Industry Fixed Effects	Yes	Yes
Year Fixed Effects	Yes	Yes
N	2517	3745
R^2	0.128	0.104

注：括号内为 t 值，***、**、* 分别表示在 1%、5% 和 10% 的水平上显著。

5.5.3　宏观分析师层面

通过研究分析师以往对追踪公司的预测发布频数和努力程度，学者发现证券分析师预测准确度与分析师从业经验存在相关关系，与其特定公司经验呈正向相关（Mikhail 等，2004）。Bradley 等（2017）探讨拥有行业经验能否提升分析师的预测质量，发现分析师过去的行业经验能够帮助其分析预测该行业内的企业，并且更可能成为明星分析师。分析师通过学习而得的行业专业知识对其预测十分重要，与此同时，机构投资者对该行业专业知识具有一定的重视程度。因此，利用宏观预测经验，从预测能力和受认可度上进行分析。

学者发现证券分析师的研究报告对于其他的投资者，甚至相关分析师均有帮助作用（Merkley 等，2017）。Williams 等（1996）发现，预测信誉强的公司所披露业绩预告市场反应更强。同时，工作经验和后天学习会提升证券分析师的预测能力。推测宏观分析师的历史预测准确性会对其未来产生影响，进而可能影响其与其他分析师的互动。因此，选用宏观预测准确度，从宏观预测的质量上进行分析。

具体来说，结合分析师个人简历上披露的预测经历和数据库中的预测表现，获得宏观分析师的预测经验。进一步，将宏观分析师分为经验丰富的宏观分析师和经验较少的宏观分析师。关于宏观预测准确度，恰巧本书数据能够获得宏观预测准确度，计算方法如下：用宏观预测值减去真实值的绝对值并除以真实值来表示。进一步，将宏观分析师分为高预测准确度的宏观分析师和低预测准确度的宏观分析师。针对宏观分析师影响证券分析师的政策敏感性，分样本检验的结果如表 5-14 所示。

表 5-14　宏观分析师、证券分析师与政策敏感性（宏观分析师异质性）

	(1)	(2)	(3)	(4)
	High ACC	*Low ACC*	*Long EXPM*	*Short EXPM*
	FA_t	FA_t	FA_t	FA_t
Gov	-0.128**	-0.083*	-0.141**	-0.069*
	(-2.13)	(-1.79)	(-2.06)	(-1.73)
Gov × Macro	-0.065**	-0.051	-0.074**	-0.043
	(-2.36)	(-0.94)	(-1.99)	(-0.85)
Macro	-0.013	-0.010	-0.014	-0.009
	(-0.51)	(-0.72)	(-0.95)	(-0.38)
Constant	-0.063**	-0.045**	-0.079**	-0.034**
	(-2.27)	(-2.15)	(-2.31)	(-2.19)
Analyst Controls	Included	Included	Included	Included
Broker Controls	Included	Included	Included	Included

续表

	(1)	(2)	(3)	(4)
	High ACC	*Low ACC*	*Long EXPM*	*Short EXPM*
	FA_t	FA_t	FA_t	FA_t
Firm Controls	Included	Included	Included	Included
Industry Fixed Effects	Yes	Yes	Yes	Yes
Year Fixed Effects	Yes	Yes	Yes	Yes
N	2517	3745	2517	3745
R^2	0.123	0.106	0.109	0.121

注：括号内为 t 值，***、**、* 分别表示在 1%、5% 和 10% 的水平上显著。

从表 5－14 中可以看到，政府采购订单占比与 Macro（有无宏观分析师）的交乘项回归系数，在第（1）和第（3）列中，与预测准确度（$\beta = -0.065$，$\beta = -0.051$）呈现显著负相关。这说明同券商宏观分析师的存在能够影响证券分析师的政策敏感性，表现为高预测准确度。同券商存在更好准确度、更长预测经验的宏观分析师时，其对证券分析师识别政府采购政策效果的影响可能性越大，表现为预测准确度的增大，而第（2）和第（4）列中并未发现此结果，因而该发现与宏观分析师的特质有关。

综上所述，通过分样本检验，本书发现，宏观分析师的个人特征、企业特征和行业特征均会影响宏观分析师影响证券分析师的政策敏感性的可能性。在追踪高经济敏感度企业、高经济敏感度行业时，如果同券商存在经验丰富、预测准确度高的宏观分析师，宏观分析师更可能对证券分析师的政策敏感性产生影响。

5.6　进一步分析

从资本市场的中介角色来分析，证券分析师在识别国有部门采购订的单信息含量后，向市场推荐获得国有部门采购订单的企业，并对不同层级的采购主体、不同时长的订单和不同产权的企业给予不同的预测。但是，究竟宏观政策是如何传导至微观企业？证券分析师能否通过观测其他变量来判断识别宏观政策的经济后果？宏观政策对分析师预测的影响渠道仍需进一步探讨，即国有部门采购能否为企业带来盈利、估值等方面的提升。研究发现，对于创业板的高新科技企业，政府补贴反而削弱了企业的研发能力，未能给企业带来市场价值的提高（逯东等，2012）。虽然在 IPO 时投资者会忽视政府补助的负面影响，但是长期来看，投资者会逐步调低企业估值（Siew Hong Teoh 等，1998）。因此，本书试图从盈余质量以及投资者估值判断来对证券分析师预测的影响渠道进行分析。

5.6.1 市场估值判断的提升

表 5-15 列示了对国有部门采购比例与市场估值水平的回归分析结果。如表中所示，当本书只考虑政府部门的订单比例时，第（1）列中 *Gov* 的系数显著为正（$\beta = 1.567$），表明政府部门采购比例的提升有助于企业获得更多投资者认可，公司未来一年的估值水平能够获得显著提升。第（2）列将国资银行与国企订单包含进国有部门采购后，结果同样保持显著，该结果支持了前文的假说。

表 5-15 国有部门采购比例与市场估值判断的回归分析

	(1)	(2)	(3)	(4)
	MB_{t+1}	MB_{t+1}	CAR_{t+1}	CAR_{t+1}
Gov	1.567**		1.171***	
	(2.03)		(3.16)	
State		1.179*		0.708**
		(1.89)		(2.26)
Control Variables	Yes	Yes	Yes	Yes

续表

	(1)	(2)	(3)	(4)
	MB_{t+1}	MB_{t+1}	CAR_{t+1}	CAR_{t+1}
Industry Fixed Effects	Yes	Yes	Yes	Yes
Year Fixed Effects	Yes	Yes	Yes	Yes
N	6586	6586	6586	6586
R^2	0.053	0.060	0.218	0.253

注：括号内为 t 值，***、**、* 分别表示在 1%、5% 和 10% 的水平上显著。

以上这些发现都表明，在政府行政力量仍占据主导的中国市场，企业产品受到政府机构认可、经营销售获得政府扶持，一方面能帮助企业打开产品销路，另一方面也向资本市场传达了强烈的积极信号，帮助企业在资本市场获得了更高的认可度，公司的价值自然也就能得到投资者的追捧。出于稳健性的考虑，本书还从投资收益率的角度分析了市场对国有部门订单价值的判断，当本书只考虑政府部门的订单比例时，第（3）列中 *Gov* 的系数显著为正（$\beta=1.171$），表明政府部门采购比例越高的企业其潜在的未来股票收益率越高。第（4）列将国企订单包含进政府采购后结果同样显著，与第（1）、第（2）列保持了一致，再次支持了前文假说的成立，说明国有部门采购能够获得投资者的认同，提升其股票价值。

5.6.2　盈余质量的提高

关于分析师预测所受影响因素的研究，以往大量的文献研究了上市公司信息披露对分析师盈余预测的影响，Shipper（1991）的研究就表明，上市公司的信息披露质量越高，分析师对企业所作的盈余预测也更准确；Byard 和 Shaw（2003）的研究同样发现，企业信息披露质量越高，分析师利用公共信息与私有信息的效率也能显著提升，从而分析师表现出更高的盈余预测准确性。国内学者中，以方军雄（2007）为代表的研究也发现上市公司信息披露透明度的提升，能显著提升分析师的盈余预测准确度，从而降低他们对传统会计数据的依赖。以上述这些文献为代表的研究就分析师预测准确度的影响因素进行了大量翔实而深刻的研究，可见企业的信息披露对分析师预测影响较大。本书对盈余质量的衡量从盈余稳定性与盈余信息质量两个层面分析。

表5－16从盈余稳定性的角度进行回归，从表中第（1）、第（3）列可以看到，无论是政府部门还是国有部门，其采购订单均对企业的未来盈利能力产生显著正向的影响，而第（3）、第（4）列的回归结果则说明这种盈利能力的提升具有更好的稳定性，说明国有部门采购帮助企业获得一个更稳定持续的发展环境，这与相关宏观政策制定的“初心”相一致，并说明分析师确实“看清、看准”企业从国有部门采购订单中获得的益处，并向市场进行推荐。

表5－16　国有部门采购比例与未来盈利能力的回归分析

	(1)	(2)	(3)	(4)
	$\Delta PROF_{t+1}$	$\Delta PROF_{t+1}$	$\Delta PROF_{t+1}$	$\Delta PROF_{t+1}$
Gov	0.407**		0.149**	
	(2.41)		(2.41)	
$\Delta PROF_t \times Gov$			0.092**	
			(2.02)	
State		0.267**		0.101**
		(2.18)		(1.98)
$\Delta PROF_t \times State$				0.067***
				(2.73)
$\Delta PROF_t$			0.276***	0.235***
			(8.48)	(5.56)
Control Variables	Yes	Yes	Yes	Yes
Industry Fixed Effects	Yes	Yes	Yes	Yes
Year Fixed Effects	Yes	Yes	Yes	Yes
N	6586	6586	6586	6586
R^2	0.062	0.076	0.171	0.168

注：括号内为t值，***、**、*分别表示在1%、5%和10%的水平上显著。

表5－17从未来盈利能力角度进行回归，从表中可以看到，无论是政府部门（$\beta=-0.225$）还是国有部门（$\beta=-0.186$），其采购订单均对企业的未来盈余质量和盈利波动水平都会产生显著影响影响，从表中第（1）、第（2）列可以看出，国有部门采购的增加能显著减小企业超常盈余应计项的程度，说明企业盈余信息质量得到了显著提升。而表中第（3）、第（4）列的结果同样表明企业未来的盈余波动性有了显著减少，企业发展的不确定性因素得到缓解，发展态势更为稳定，这些都为分析师的预测工作提供了便利与帮助。

表5－17 国有部门采购比例与未来盈利能力和市场估值的回归分析

	(1)	(2)	(3)	(4)
	DA_{t+1}	DA_{t+1}	Vol_t	Vol_t
Gov	-0.225**		-0.008*	
	(-2.16)		(-1.78)	
State		-0.186*		-0.005**
		(-1.79)		(-2.03)
Control Variables	Yes	Yes	Yes	Yes
Industry Fixed Effects	Yes	Yes	Yes	Yes
Year Fixed Effects	Yes	Yes	Yes	Yes
N	6586	6586	6586	6586
R^2	0.089	0.094	0.053	0.060

注：括号内为t值，***、**、*分别表示在1%、5%和10%的水平上显著。

5.7 稳健性检验

5.7.1 分析师预测的衡量

为了保证结果的可靠性，本书采用新的计算方法再进行回归分析，并同时在表 5 - 18 列报实证结果，具体方法如下：

（1）选用新的分析师投资评级计算方法，即第 t 期分析师对公司 i 投资评级的中位数，按照 CSMAR 数据库统一换算标准，将投资评级转换为以下五种类型：卖出 =1，减持 =2，中性 =3，增持 =4，买入 =5。

（2）选用新的分析师预测准确度计算方法，即分析师对上市公司 EPS 的预测值与 EPS 真实值之差的绝对值除以 EPS 真实值的绝对值。

（3）选用新的分析师预测分歧度计算方法，即删除只有一份分析报告样本。

表 5 - 18　国有部门采购比例与证券分析师预测的回归分析

	REC'_t	REC'_t	FA'_t	FA'_t	FD'_t	FD'_t
Gov	4.145*		-2.708**		-0.136*	
	(1.70)		(-2.15)		(-1.90)	
State		3.038*		-1.093*		-0.127*
		(1.67)		(-1.68)		(-1.85)
Control Variables	Yes	Yes	Yes	Yes	Yes	Yes
Industry Fixed Effects	Yes	Yes	Yes	Yes	Yes	Yes
Year Fixed Effects	Yes	Yes	Yes	Yes	Yes	Yes
N	6586	6586	6586	6586	5904	5904
R^2	0.161	0.189	0.076	0.088	0.093	0.108

注：括号内为 t 值，***、**、* 分别表示在 1%、5% 和 10% 的水平上显著。

通过采用以上三种新的变量定义方法后，从表 5 - 18 中可以发现，回归结果与之前的结论一致，只考虑政府部门采购的情况下，政府采购比例与投资评级的回归系数为正（$\beta=4.145$），与预测准确度（$\beta=-2.708$）和分歧度（$\beta=-0.136$）呈现负相关关系，回归结果仍然显著。将国有部门采购纳入进行分析结果类似，这说明无论是政府部门还是国有部门，其采购订单能够提高分析师的投资评级和预测准确度，并降低了分歧度。

5.7.2　样本的自选择问题

受样本所限，本书仅限于研究在年报中披露了前五大销售客户信息的上市公司。然而，上市公司是否披露客户信息的名称是企业的战略与决策，属于自愿性披露，因此未披露客户信息的企业无法被研究，不可避免地存在样本自选择问题。因为，对于选择主动披露客户信息的企业，详细的信息披露环境为分析师提供了便利性，因而对该类企业给予更准的分析预测和更高的投资评级。针对这一问题，本书检验了企业是否披露前五大客户信息（变量 Disclosure，若是为 1，否则为 0）与分析师预测的关系。表 5 - 19 列示了回归结果，可以看到，是否披露与分析师的投资评级、预测准确度和预测分析度的回归结果并不显著。这说明是否披露并不会影响分析师的推荐与分析，从而在一定程度上排除了样本自选择的问题。

表 5 - 19　企业是否披露客户信息与证券分析师预测的回归分析

	REC_t	REC'_t	FA_t	FA'_t	FD_t	FD'_t
Disclosure	0.362	0.258	-0.019	-0.403	-0.010	-0.014
	(0.84)	(0.69)	(-1.24)	(-1.50)	(-0.37)	(-0.68)
Control Variables	Yes	Yes	Yes	Yes	Yes	Yes
Industry Fixed Effects	Yes	Yes	Yes	Yes	Yes	Yes
Year Fixed Effects	Yes	Yes	Yes	Yes	Yes	Yes
N	12602	12602	12548	12548	12548	12548
R^2	0.141	0.135	0.054	0.065	0.082	0.074

注：***、**、*分别表示在 1%、5% 和 10% 的水平上显著。

5.7.3　反向因果问题

围绕分析师预测进行研究，一个特别需要注意的问题就是内生性问题。一方面，证券分析师评级可以作为企业好坏的重要参考来影响企业的市场声誉，反过来可能影响其获得国有部门采购订单的可能性。另一方面，证券分析师预测准确度或分歧度可以衡量企业的信息透明度，反过来可能影响其获得国有部门采购订单的多少程度；即信息越透明的企业越有可能获得国有部门采购订单。考虑到国有部门采购订单与分析师预测间可能的互为因果关系，所以本书在检验假设时将滞后一期的采购订单与证券分析师预测进行回归，以控制可能的内生性。回归结果如表 5-20 所示，并未发现显著结果，在一定程度上说明不存在反向因果的问题。

表 5-20　证券分析师预测与国有部门订单获取的回归分析

	Gov_{t+1}	$State_{t+1}$	Gov_{t+1}	$State_{t+1}$	Gov_{t+1}	$State_{t+1}$
REC_t	0.006	0.032				
	(0.18)	(0.65)				
FA_t			-0.617	-0.835		
			(-0.93)	(-1.09)		
FD_t					-0.463	-0.505
					(-1.17)	(-1.24)
Control Variables	Yes	Yes	Yes	Yes	Yes	Yes
Industry Fixed Effects	Yes	Yes	Yes	Yes	Yes	Yes
Year Fixed Effects	Yes	Yes	Yes	Yes	Yes	Yes
N	6586	6586	6586	6586	6586	6586
R^2	0.029	0.028	0.042	0.036	0.051	0.044

注：括号内为 t 值，***、**、* 分别表示在 1%、5% 和 10% 的水平上显著。

5.8　本章小结

综上所述，本章围绕宏观分析师能否影响证券分析师的政策敏感性进行研究，从特定的宏观政策信息——政府采购进行分析，研究当证券分析师追踪获得政府采购订单的企业时，对于能够接触宏观分析师的证券分析师和所在券商并未雇佣宏观分析师的证券分析师，二者的政策敏感性是否存在不同，具体来说，表现为预测准确度、投资评级和预测分歧度是否有差异，随之探究宏观分析师的影响在不同特质的企业、宏观分析师、证券分析师和行业层面是否存在差异。进一步，围绕政府采购政策的稳定性以及获得采购订单的企业产权特性进行研究，分析证券分析师在“看得清”“看得准”上面的表现是否存在不同，并对宏观政策信息对微观企业的相关绩效和市场估值的影响途径进行分析。

研究发现，在个股分析拥有政府采购订单的企业时，能够接触宏观分析师的证券分析师，其预测准确度越高、预测评级越高，该宏观分析师的影响在不同特质的企业、宏观分析师、证券分析师和行业层面存在差异。围绕采购政策的稳定性以及获得采购订单的企业产权特性进行进一步研究，发现在采购订单的特征上，中央层级、稳定性的采购订单对分析师预测的提升效果更大；在获得订单企业的所有权性质上，发现民营企业获得订单更能提高分析师的预测。在追踪高经济敏感度企业、高经济敏感度行业时，如果同券商存在经验丰富、预测准确度高的宏观分析师，宏观分析师更可能对证券分析师的政策敏感性产生影响。进一步地，本章还从政府采购订单如何影响证券分析师预测行为入手，探讨可能存在的影响渠道。

总而言之，实证结果发现，宏观分析师的存在能够影响证券分析师解读政府采购对企业的正面影响，即影响证券分析师的政策敏感性；另外政府采购比例越高，企业的盈利增长往往越稳定，企业的市场估值往往越高，且企业的盈余质量往往越高，这些都能影响证券分析师更准确地作出分析判断。

本章的研究意义如下：

第一，从投资者投资收益来看，本章发现政府采购订单的信息含量可以被证券分析师识别，因此投资者可以根据证券分析师报告的投资评级与投资意见进行投资，并且揭示了应该选择拥有同券商宏观分析师影响的证券分析师来追随，这对广大投资者，尤其是处于信息劣势的中小散户解读上市公司获取政府采购订单的信息含量具有实践指导意义。

第二，从券商研究团队建设的视角来说，本书的发现证实了宏观分析师对券商的贡献，可以通过加强证券分析师与宏观分析师的沟通来提升研究部门的实力。

第三，从企业竞争能力的角度来看，获得政府采购订单是利好的信号，可以增强企业的竞争能力，能够在同行业竞争中脱颖而出，对企业长期发展益处颇多。

第四，从政府宏观调控的角度来看，为研究宏观政策的实施效果提供了有力依据，表明宏观采购确实能够提高企业的盈利能力和市场估值，而非低效与浪费，为政府采购、集中采购等政策的制定提供实证支持，对政府购买服务的改革与推行具有重要现实意义。

第6章 结论与建议

本章将对全书的研究内容进行总结，并概括研究意义，提出研究展望。本章共包括 4 个小节，具体的结构安排如下：第一部分是对本书主要研究结论的归纳和总结；第二部分是总结本书的研究意义；第三部分是在所获得研究结论的基础上提出相应的研究启示和政策建议；第四部分是对本书研究的局限性进行分析，并指出未来值得进一步研究的问题和方向。

6.1 主要结论

综上所述，本书通过手工整理详尽的宏观分析师预测数据，从宏观与微观的视角出发，对宏观分析师对证券分析师的影响进行研究，主要围绕以下两个问题进行研究：宏观分析师能否影响证券分析师识别经济形势，宏观分析师能否影响证券分析师的政策敏感性。研究发现宏观分析师对证券分析师的影响是存在的，同券商宏观分析师的存在能否影响证券分析师识别经济形势，并对证券分析师的政策敏感性产生影响，具体来说：

第一，关于宏观分析师能否影响证券分析师识别经济形势的问题，本书结合中国转型经济这一背景，从宏观政策对微观经济的影响出发，发现宏观分析师的存在能够影响证券分析师识别经济形势。具体而言，其一，证券分析师不能充分识别负面经济形势。其二，同券商宏观分析师的存在，能够影响证券分析师对负面经济形势的识别。其三，该影响在不同特质的企业、宏观分析师、证券分析师和行业层面存在差异，说明宏观分析师的存在能否影响证券分析师识别经济形势。

第二，关于宏观分析师能否影响证券分析师政策敏感性的问题，本书从特定的宏观政策信息——政府采购进行分析，实证结果发现，其一，同券商宏观分析师的存在可以影响证券分析师识别政府采购政策的效果。其二，宏观分析师对证券分析师政策敏感性的影响，在不同特质的企业、宏观分析师、证券分析师和政策层面存在差异，包括政策稳定性、政策支持力度、企业产权等。其三，进一步地，研究证明了证券分析师解读政府采购政策的依据。

6.2 研究意义

本书的研究具有重要的理论意义和实践意义，具体体现在：

第一，以往关于宏观分析师的研究较少，更多的研究是在公司层面，证券分析师盈余预测的准确性、预测偏差的产生原因等。本书围绕宏观分析师这一群体进行深入探究，系统梳理了宏观分析师的角色和作用，揭示其对证券分析师的影响存在性，并利用宏观分析师预测数据对该问题进行了深入的分析和检验，将证券分析师的研究放到宏观经济环境的大背景中去，拓展会计学与宏观经济学的交叉研究的研究领域，弥补该领域的研究空白。

第二，本书从宏观分析师影响证券分析师识别经济形势和宏观政策信息的视角出发，研究发现了宏观分析师影响证券分析师识别经济形势和宏观政策信息从而提升预测能力的效果，将宏观政策影响与微观市场反应进行有效结合，为宏观政策的相关研究提供了崭新视角。同时，本书基于我国新兴资本市场制度环境进行研究，是对转型经济体的宏观政策与微观经济的深入研讨和补充。

第三，从实践角度出发，本书有助于资本市场的各方参与者深化对宏观分析师的认识。通过对预测准确性的探究证实了其可以利用宏观分析师的视角提高预测准确度，本书发现聘请宏观分析师为券商带来益处，能有效提高证券分析师的预测，并帮助券商更好判断宏观分析师和证券分析师的预测能力以及挑选优秀的分析师人才，以上这些对促进资本市场发展有着积极的推动作用。

第四，本书的研究使得宏观政策与微观经济之间关系的研究更加丰满，研究结果具有政策借鉴意义，可以加强监管部门对于宏观分析师的认识，积极鼓励并倡导宏观分析师行业的健康发展。同时，借鉴宏观分析师的研究成果，结合证券分析师的报告更深刻地理解企业行为选择，更好地预测企业业绩走向，更好地管理服务国有企业、民营企业的成长，从而建立、健全社会主义市场经济体系，对未来政策的制定提供更加坚实的微观基础。

6.3　政策建议

为了更好发挥识别宏观分析师的角色作用，提高分析师的预测质量和能力，保护市场投资者的切身利益，优化信息披露环境，提升资本市场的发展效率，本书基于前文的研究和结论，围绕监管部门、行业协会、券商机构、分析师自身和投资者分析，提出以下六点制度对策和政策建议，具体包括，建议构建监管部门的惩罚机制和声誉制度、行业协会的自律规章、券商机构的培训机制和激励制度和投资者的教育制度。

第一，加大分析师惩处力度，减少市场乱象。分析师是市场信息中介，市场的良好运转与健康发展与信息传递密切相关。本书的研究发现，宏观分析师的报告能够影响证券分析师，同时其在研究报告中发布的预测分析，不仅被投资者使用，还与上市公司的预期管理和监管部门的统计分析有关。因此，分析师应该保持独立客观的职业操守，否则将会伤害投资者的利益，降低市场的投资效率。建议对于违规券商，通过政策倾斜、人才帮扶、税收优惠等方式，与规范运营的券商有所区别，在加大惩罚力度的同时加强奖励支持，做到奖惩兼顾。

目前来看，已有的法律法规为惩处治理工作奠定基础。2005年颁布的《中华人民共和国证券法》对持续信息公开、禁止交易的行为、投资咨询机构及从业人员不得有的行为、内幕交易、虚假陈述的法律责任进行了规定。2012 年证券业协会发布的《证券分析师执业行为准则》和新版的《发布证券研究报告执业规范》，内容涉及组织架构、业绩考评、人员管理、媒体管理等，并且对制作发布研究报告每个业务流程提出了相应的规范要求，重点强调利益冲突的防范，以加强证券研究报告质量的控制和证券分析师的独立性。

但是，我国分析师行业的发展历程较短，相关政策规定仍在不断完善的阶段，受利益冲突和激励制度的影响，分析师并未做到真正的独立客观。因此，建议监管部门继续加强分析师行业的乱象整治力度，持续监管违法乱纪行为，完善相关配套法律体系的建设工作。鉴于宏观分析师对经济形势和政策信息的识别和解读能力，对于资本市场来说尤为重要，因此，监管部门应该加强对宏观分析师的相关引导和管理，有助于稳定市场信心，维护经济健康发展。

研究表明，分析师行业的专业素养与预测能力、预测偏好有关，分析师预测业余公司盈余管理的操纵行为相关。因此，建议监管在建立健全防范分析师利益冲突、内幕交易的相关法律法规时，应着重突出分析师的独立性、券商机构的独立性等内容，借鉴国外先进的经验，对券商的分仓收入制度进行调整优化，加强对分析师和基金经理的信息披露要求，稳步确保相关政策的制定和落实，避免产生新的利益冲突和预测偏好，鼓励分析师行业的健康发展，有效减少预测偏差，提升资本市场的信息传播效率，减缓信息不对称程度，维护市场的稳定秩序。

第二，维护宏观分析师声誉，提升研究能力。伴随着资本市场的发展，分析师行业也逐步成熟，但是目前仍处在分析师冗员与高质量报告稀缺并存的阶段，缺少外部治理手段。据媒体报道，宏观分析师的报告往往热衷于股市短期趋势的判断，一味“唱多”误导投资者；不仅如此，少数首席经济学家频频预测指数顶部和底端，类似“钻石底”“婴儿底”的预测常见于报纸，由于宏观分析师会给个股投资者和上市公司企业等多方市场参与者带来影响，不负责任、哗众取宠的预测势必将给市场投资情绪造成负面影响。因此，建议监管部门设立声誉机制，引导分析师回归到研究本位，认认真真地研究，时刻保持自身的独立性，必须要客观、专业、审慎地发表研究观点。

声誉机制的建立是一种信号的释放，对于预测准确度高、预测质量好的分析师给予高的声誉，向市场传递明显信号，有利于市场参与主体对于分析师的甄别。分析师为避免自身水平与努力程度被市场忽视，格外珍惜声誉，在努力获得声誉的过程中，保持严谨的职业操守，谨慎预测，坚守独立性的要求。分析师获得低的声誉是一种处罚机制，会有助于市场识别淘汰声誉毁损的分析师，有利于分析师行业的有序发展。

深圳证券交易所曾在 2003 年倡议开展分析师评级工作，为声誉机制的设立做了前期铺垫。因此，建议围绕分析师预测准确度、预测稳定性等预测能力指标构建分析师声誉评价体系，通过增强法律法规，规范声誉机制的制定和落实。该声誉制度的评级结果应对外通过社交媒体和网络平台等公布，在一定程度上能够发挥分析师的鉴别作用，体现出对分析师预测能力和职业操守的系统评价，促使分析师不断推出有深度、有分量的研究报告。

需要注意的是，对于分析师的行业排名等评价应加以规范，应加强监管和引导，或者由第三方独立建立和执行，以避免引发新的利益冲突。设立分析师的声誉机制，有利于社会大众、舆论媒体发挥监督作用，有助于保障分析师的自身权益，对就职机构的社会声誉和资产投资者的合法利益形成保障，形成积极健康的资本市场氛围。

第三，规范宏观分析师行业，号召谨慎发声。由于宏观分析师接触公司高管的机会较少，其存在既有助于提升证券分析师的预测能力，也有助于提升券商和分析师保持独立性，进而形成更高的声誉，提供更优质的研究报告。因此，建议规范分析师行业自律，提升分析师报告的市场认可度，提高分析师预测的能力水平，培养分析师的职业道德操守，结合声誉制度和激励机制，加强分析师行业的道德约束与风险监督，缓解资本市场的信息不对称程度，促进资本市场的健康发展。

当前，针对宏观分析师的发声乱象，证券基金行业首席经济学家发出自律倡议，签署了《首席经济学家自律倡议书》。建议扩大倡议书的覆盖范围，包括全体证券分析师、投资顾问等。规范分析师行业自律，提升分析师预测的行业质量，可以通过两种手段。一方面，通过提升分析师本身的职业素养和专业能力，另一方面，也可以通过实施券商机构的专业化规模化发展战略。通过合并，不仅可以形成大规模的规模效益，还能提升研究效率。从行业层面看，市场上的大规模券商与小规模券商形成差异化经营，各自拥有成本优势和规模优势，均能获得超额利润。建议分析师行业协会鼓励券商以结构调整的方式，引导不能遵守自律规范的券商向自律券商学习，强强联手，淘汰低效率严重违规的券商。同时，在规模扩张中，建议行业协会引导券商机构严格规范内部培训与风险控制制度，加强对分析师的自律要求，减少法律合规风险。

第四，构建宏观分析师部门，树立宏观意识。据报道，资本市场对知名宏观分析师追逐，曾一度以千万高薪为奖励劝其加盟，宏观分析师的价值从其薪酬中可见一斑。根据本书的发现，考虑到宏观分析师的存在有助于提升证券分析师的预测准确性，因而建议券商机构认识宏观分析师的作用和角色，继续招募宏观分析团队，并且加大对全体分析师的宏观意识和分析能力的培训。

根据本书的研究发现可知，宏观分析师对于市场具有作用。鉴于此，为吸引更多投资者的关注以及基金经理的分仓佣金收入，建议券商机构注重培养、挖掘每个宏观分析师的专长，合理配置现有的分析师人力资源，进而重点培养证券分析师的宏观分析能力。建议宏观分析师主动发挥自身的能动性，积极做好宏观预测分析工作，保持客观独立的预测态度，提升证券分析师的预测能力。建议券商机构通过在社交媒体和传统平台上宣传宏观分析报告和宏观团队，增强研究的可信度和逻辑性，有助于提升券商机构的市场认可度和关注度，维护券商和分析师的独立性，为市场提供更优质的研究报告，促进资本市场的健康发展。

第五，提高宏观分析师奖励，促进研报质量。通过本书的研究，证实了宏观分析师对证券分析师的预测能产生影响，从而提升分析师的预测能力。因此，为促进分析师提供更有信息含量的研究报告，建议设立分析师激励制度，通过物质奖励和精神奖励的方式，提升分析师发布预测的努力度和及时性，有助于缓解资本市场中的信息不对称现象，引导分析师行业的良性发展。

不可否认的是，曾被撤销的由市场第三方平台设立的明星分析师评选机制，对于分析师行业的茁壮成长起到一定程度的促进作用，获得最高投票数的明星分析师们也相应获得薪酬激励。建议监管机构引导设立全分析师行业的激励制度，券商机构设立内部的激励制度，特别提醒的是，需要保证激励规则的设置合理公平和执行有效规范，避免出现以往由于平台自身监管不力带来的拉票贿票等现象。建议在对优秀奖励的同时，也应做到对违规的惩罚，定期考评，定期公布，通过自律和他律的方式提升预测质量。

在某种程度上，由于宏观分析师无法具体落实其投资建议，为券商机构带来与基金经理、证券分析师相类似的收益，导致未有具体可比的衡量标准。目前，研究机构考核其预测能力，多采用模拟系统中实现投资策略的方式进行评比考核，依然存在宏观分析师激励不足的问题。因此，建议设置契合宏观分析影响力的激励细则，包括券商内部的宏观知识传授和外部的宏观预测分享，可以用宏观分析师对其他分析师的宏观培训指标来考核宏观分析师的知识传授，用宏观分析师报告的市场影响度来考核宏观分析师的社会影响，以逐步提升分析师激励制度的合理性。

第六，引导投资者关注宏观，避免盲目追涨。在我国资本市场中，机构投资者与中小股民的成熟度与其他发达资本市场的国家相比仍显不足，这之中尤其是中小股民的投资经验和分析能力尤为欠缺。本书发现宏观分析师能够影响证券分析师更好分析上市公司。因此，建议投资者关注宏观分析报告，通过建立宏观分析能力和意识及时捕捉资本市场中的经济转折点和政策着力点，从而优化投资者的投资组合，增强投资效率，规避投资风险。

建议通过在线媒体和传统媒体相结合的宣传方式加强教育，鼓励投资者参与继续教育和培训课程，增强自身的宏观分析能力。同时，建议投资者甄别挑选分析师时更多关注来自拥有宏观分析团队券商的证券分析师。本书的研究结论为投资者提供一个思路：从宏观分析师对证券分析师的影响角度入手，挑选证券分析师，从而间接获得宏观能力，分享宏观分析的益处。

由于结构转型阶段经济发展的复杂度较大，应通过教育、培训的方式，加强投资者的宏观分析意识、风险防范意识、风险甄别意识和自我保护意识，从而做到灵敏地分析市场走向，清晰地排除干扰信息。因此，建议提升资本市场投资者的宏观分析能力和宏观分析意识，这对于当下经济发展阶段的中国来说尤为重要。

从长期来看，投资者会从短期投机转变为价值投资，市场上不再充斥着短期的投机行为，同时，分析师的研究报告质量将得以提升，不再追逐小道消息、内幕消息，将会更加侧重真实的分析，提供有效的投资建议，最终形成良性循环的、健康发展的资本市场环境。

6.4　研究局限与展望

虽然本书通过独特的手工数据进行实证分析，并达到了预期的研究目的和研究计划，但是本书仍存在局限。第一，研究数据有待进一步丰富、细化。本书曾尝试大量收集宏观分析师的详细个人特征数据，包括宏观分析师的出生年月、出生地、行业特定经验、海外求学经历、专业学科背景等相关资料，但遗憾的是这些资料并没有披露，无法满足统计分析的需求。因此，本书只对宏观分析师的从业经验以及所属券商的层面进行控制，这不免会造成遗漏变量等内生性问题。第二，自然实验基础不足，迫于新财富明星分析师的评选机制被取消不久，机制变化前后的不同为自然实验提供研究基础，但是，受时间有限，机制调整的效果鲜有积累，并不足够支撑研究。第三，尚未有直接表征宏观分析师与证券分析师间沟通的数据进行支撑，虽然本书已经找到现实中确实存在宏观分析师与证券分析师通过晨会、培训等内部交流的方式，但是并未有晨会开会时间和频次的记录数据，数据的不足使得本书研究仍存在局限。

本书研究的局限性也说明，本书有较大的发展空间。为了更好解决内生性问题，利用外生的监管政策进行研究。在未来的研究上，可以围绕宏观分析师的监管政策的外生事件，通过双重差分模型来解决内生性问题。具体来说，包括以下几个研究方向：

第一，通过文献回顾可知，关于宏观分析师对证券分析师影响的研究较少，关于宏观分析师和证券分析师的研究仍有进一步深挖的必要和空间，特别是可以从市场定位、功能差异及互补等更宏大视角对宏观分析师、证券分析师交互影响的分析论证。后续可以围绕证券分析师受宏观分析师影响的具体路径，包括证券分析师研究报告的写作逻辑、用词专业度、经济预测的分析理论等方面进一步深入探究，从而为研究分析师预测质量提供全新的解释视角，为提升分析师预测水平拓展思路。

第二，围绕宏观分析报告的文本内容进行研究，利用文本分析研究有更敏感反应的宏观分析报告具有的特征。研究投资者对于哪些特征的宏观分析报告或宏观分析师更敏感，对于宏观分析师的预测逻辑等问题进行研究与探讨，以探明宏观预测准确的背后逻辑，拓展研究的内容和范围，

第三，围绕宏观分析师监管政策的外生事件，比如对宏观分析师发表言论的方式和报告情绪进行有方向性的引导，研究当宏观分析师的报告趋于一致时，市场对宏观分析师的角色和作用是如何判定的？宏观分析师将通过何种形式体现自己的研究价值？

第四，围绕境内外券商和境内外宏观分析师的特征数据，进一步细化研究。学者发现，当机构有政府背景或者经济学家有政府工作经验时，能够观察到更加准确的预测。因而可以结合特征数据，探讨国内外宏观分析师的预测差异的原因，并结合文本分析的方法，对境内外宏观分析和宏观预测的逻辑差异进行研究。

参考文献

[1] 艾冰，陈晓红．政府采购与自主创新的关系［J］．管理世界，2008：169－170.

[2] 毕晓方，张俊民，李海英．产业政策，管理者过度自信与企业流动性风险［J］．会计研究，2015：57－63.

[3] 陈德球，陈运森，董志勇．政策不确定性、税收征管强度与企业税收规避［J］．管理世界，2016a：151－163.

[4] 陈德球，金雅玲，董志勇．政策不确定性、政治关联与企业创新效率［J］．南开管理评论，2016b，19：27－35.

[5] 陈晓，李静．地方政府财政行为在提升上市公司业绩中的作用探析［J］．会计研究，2001：20－28.

[6] 樊铮，宋乐．分析师特征、券商规模与盈利预测［J］．中国注册会计师，2010：45－50.

[7] 方军雄．我国上市公司信息披露透明度与证券分析师预测［J］．金融研究，2007：136－148.

[8] 管总平，黄文锋．证券分析师特征、利益冲突与盈余预测准确性［J］．中国会计评论，2012：371－394.

[9] 郭剑花，杜兴强．政治联系、预算软约束与政府补助的配置效率——基于中国民营上市公司的经验研究［J］．金融研究，2011：114－128.

[10] 胡凯，蔡红英，吴清．中国的政府采购促进了技术创新吗？［J］．财经研究，2013：134－144.

[11] 胡奕明，林文雄，王玮璐．证券分析师的信息来源、关

注域与分析工具［J］. 金融研究，2003：52－63.

［12］胡奕明，孙聪颖．国外证券分析师盈利预测实证研究综述［J］. 证券市场导报，2005：27－32.

［13］黄琼宇，程敏英，黎文靖，魏明海．上市方式、政治支持与盈余质量［J］. 会计研究，2014：43－49.

［14］姜国华，饶品贵．宏观经济政策与微观企业行为——拓展会计与财务研究新领域［J］. 会计研究，2011：9－18.

［15］靳庆鲁，李荣林，万华林．经济增长、经济政策与公司业绩关系的实证研究［J］. 经济研究，2008：90－101.

［16］孔东民，刘莎莎，王亚男．市场竞争、产权与政府补贴［J］. 经济研究，2013：55－67.

［17］李冬昕，李心丹，张兵．分析师的盈利预测偏差与本地优势［J］. 财经科学，2011：26－33.

［18］李东阳．分析师个人特征与盈余预测准确性的实证研究［D］. 成都：西南财经大学，2013.

［19］李健，陈传明．企业家政治关联、所有制与企业债务期限结构——基于转型经济制度背景的实证研究［J］. 金融研究，2013：157－169.

［20］李玲，陶厚永．纵容之手、引导之手与企业自主创新——基于股权性质分组的经验证据［J］. 南开管理评论，2013，16：69－79.

［21］李馨子．上市公司政府补助与未来盈余及其资本市场效应研究［D］. 北京：清华大学，2015.

［22］林乐，谢德仁．分析师荐股更新利用管理层语调吗？——基于业绩说明会的文本分析［J］. 管理世界，2017：125－145.

［23］刘汉，刘金全．中国宏观经济总量的实时预报与短期预测——基于混频数据预测模型的实证研究［J］. 经济研究，2011，

3：4－17.

［24］刘帅．公司特征对证券分析师关注度的影响分析［D］．北京：北京大学，2011.

［25］娄贺统，徐浩萍．政府推动下的企业技术创新：税收激励效应的实证研究［J］．中国会计评论，2009：191－206.

［26］陆正飞，韩非池．宏观经济政策如何影响公司现金持有的经济效应？［J］．管理世界，2013，6：43－60.

［27］陆正飞，祝继高，樊铮．银根紧缩、信贷歧视与民营上市公司投资者利益损失［J］．金融研究，2009：124－136.

［28］逯东，林高，杨丹．政府补助、研发支出与市场价值——来自创业板高新技术企业的经验证据［J］．投资研究，2012：67－81.

［29］祁秦．宏观经济景气、机构持股与分析师预测偏差［J］．会计之友，2019，603：73－79.

［30］曲晓辉，毕超．会计信息与分析师的信息解释行为［J］．会计研究，2016：19－26.

［31］全怡，陈冬华，李真．独立董事身份提高了分析师的预测质量吗？［J］．财经研究，2014，40：97－107.

［32］饶品贵，徐子慧．经济政策不确定性影响了企业高管变更吗？［J］．管理世界，2017：145－157.

［33］饶品贵，岳衡，姜国华．经济政策不确定性与企业投资行为研究［J］．世界经济，2017：27－51.

［34］沈红波，杨玉龙，潘飞．民营上市公司的政治关联、证券违规与盈余质量［J］．金融研究，2014：194－206.

［35］谭松涛，崔小勇．上市公司调研能否提高分析师预测精度［J］．世界经济，2015：126－145.

［36］王红建，李青原，邢斐．金融危机、政府补贴与盈余操纵——来自中国上市公司的经验证据［J］．管理世界，2014：

157 - 167.

[37] 王菊仙. 分析师现金流预测、盈余预测准确度与估值效应 [D]. 北京：中央财经大学，2016.

[38] 王雄元，王鹏，张金萍. 客户集中度与审计费用：客户风险抑或供应链整合 [J]. 审计研究，2014：72 - 82.

[39] 吴东辉，薛祖云. 财务分析师盈利预测的投资价值：来自深沪 A 股市场的证据 [J]. 会计研究，2005：37 - 43.

[40] 夏纪军，康健. 中国宏观经济预测偏误研究 [J]. 管理世界，2009：21 - 28.

[41] 叶琼燕，于忠泊. 审计师个人特征与审计质量 [J]. 山西财经大学学报，2011，33：117 - 124.

[42] 余明桂，回雅甫，潘红波. 政治联系、寻租与地方政府财政补贴有效性 [J]. 经济研究，2010：65 - 77.

[43] 原红旗，黄倩茹. 承销商分析师与非承销商分析师预测评级比较研究 [J]. 中国会计评论，2007，5：285 - 304.

[44] 岳衡，林小驰. 证券分析师 VS 统计模型：证券分析师盈余预测的相对准确性及其决定因素 [J]. 会计研究，2008：40 - 49.

[45] 张劲帆，刚健华，钱宗鑫，等. 基于混频向量自回归模型的宏观经济预测 [J]. 金融研究，2018，457：34 - 48.

[46] 张然，汪荣飞，王胜华. 分析师修正信息、基本面分析与未来股票收益 [J]. 金融研究，2017：156 - 174.

[47] 张涛，刘宽斌. "大数据"在宏观经济预测分析中的应用 [J]. 财经智库，2018：6.

[48] 张新民，张婷婷，陈德球. 产业政策，融资约束与企业投资效率 [J]. 会计研究，2017：12 - 18.

[49] 张志宏，陈峻. 客户集中度对企业现金持有水平的影响——基于 A 股制造业上市公司的实证分析 [J]. 财贸研究，

2015：148－156.

［50］赵璨，王竹泉，杨德明，等．企业迎合行为与政府补贴绩效研究——基于企业不同盈利状况的分析［J］．中国工业经济，2015：130－145.

［51］赵良玉，李增泉，刘军霞．管理层偏好、投资评级乐观性与私有信息获取［J］．管理世界，2013：33－47.

［52］郑挺国，尚玉皇．基于金融指标对中国 GDP 的混频预测分析［J］．金融研究，2013.

［53］周亚虹，蒲余路，陈诗一，等．政府扶持与新型产业发展——以新能源为例［J］．经济研究，2015.

［54］朱英姿，吴美，陈超．我国宏观经济因素对股市预测力研究［J］．投资研究，2012，31（11）：76－87.

［55］Ackerman A，Mullins B. US to take up insider－trading legislation［N］. Wall Street Journal，2012，30：2012.

［56］Ackert L F，Hunter W C. Rational expectations and security analysts' earnings forecasts［J］. Financial Review，1995，30：427－443.

［57］Aggarwal R K，Meschke F，Wang T Y. Corporate political donations：investment or agency?［J］. Business and Politics，2012，14：1－38.

［58］Ai C，Norton E C. Interaction terms in logit and probit models［J］. Economics Letters，2003，80：123－129.

［59］Amiram D，Landsman W R，Owens E L，et al. How are analysts' forecasts affected by high uncertainty［J］? Journal of Business Financeand Accounting，2018，45：295－318.

［60］Ansolabehere S，De Figueiredo J M，Snyder Jr J M. Why is there so little money in US politics?［J］. Journal of Economic perspectives，2003，17：105－130.

[61] Atanassov J. Do hostile takeovers stifle innovation? Evidence from antitakeover legislation and corporate patenting [J]. The Journal of Finance, 2013, 68: 1097 – 1131.

[62] Baker S R, Bloom N, Davis S J. Measuring Economic Policy Uncertainty [J]. Chicago Booth Research, 2013, 22: 81.

[63] Barron O E, Byard D, Liang L. Analyst pessimism and forecast timing [J]. Journal of Business Finance and Accounting, 2013, 40: 719 – 739.

[64] Barth M E, Kasznik R, Mcnichols M F. Analyst coverage and intangible assets [J]. Journal of Accounting Research, 2001, 39: 1 – 34.

[65] Barton D, Manyika J, Koller T, et al. Measuring the economic impact of short – termism [J]. McKinsey Global Institute, 2017.

[66] Basu S, Markov S, Shivakumar L. Inflation, earnings forecasts, and post – earnings announcement drift [J]. Review of Accounting Studies, 2010, 15: 403 – 440.

[67] Becher D A, Cohn J B, Juergens J L. Do stock analysts influence merger completion? An examination of postmerger announcement recommendations [J]. Management Science, 2015, 61: 2430 – 2448.

[68] Becker B, Milbourn T. How did increased competition affect credit ratings? [J]. Journal of Financial Economics, 2011, 101: 493 – 514.

[69] Bednar M K, Love E G, Kraatz M. Paying the price? The impact of controversial governance practices on managerial reputation [J]. Academy of Management Journal, 2015, 58: 1740 – 1760.

[70] Bonner S E, Hugon A, Walther B R. Investor reaction to celebrity analysts: The case of earnings forecast revisions [J]. Journal of Accounting Research, 2007, 45: 481 – 513.

[71] Boutchkova M, Doshi H, Durnev A, et al. Precarious politics and return volatility [J]. The Review of Financial Studies, 2012, 25: 1111 - 1154.

[72] Bradley D, Gokkaya S, Liu X. Before an analyst becomes an analyst: Does industry experience matter? [J]. The Journal of Finance, 2017, 72: 751 - 792.

[73] Bradley D, Gokkaya S, Liu X, et al. Is Washington Policy Research Valuable to Capital Markets? [J]. 2018.

[74] Bradshaw M T, Richardson S A, Sloan R G. Do analysts and auditors use information in accruals? [J]. Journal of Accounting Research, 2001, 39: 45 - 74.

[75] Brown L D, Call A C, Clement M B, et al. Inside the "black box" of sell - side financial analysts [J]. Journal of Accounting Research, 2015, 53: 1 - 47.

[76] Brown L D, Hagerman R L, Griffin P A, et al. Security analyst superiority relative to univariate time - series models in forecasting quarterly earnings [J]. Journal of Accounting and Economics, 1987, 9: 61 - 87.

[77] Byard D, Shaw K W. Corporate disclosure quality and properties of analysts' information environment [J]. Journal of Accounting, Auditing and Finance, 2003, 18: 355 - 378.

[78] Chan L K, Karceski J, Lakonishok J. Analysts' conflicts of interest and biases in earnings forecasts [J]. Journal of Financial and Quantitative Analysis, 2007, 42: 893 - 913.

[79] Chaney P K, Faccio M, Parsley D. The quality of accounting information in politically connected firms [J]. Journal of accounting and economics, 2011, 51: 58 - 76.

[80] Chen Q, Francis J, Jiang W. Investor learning about analyst

predictive ability [J]. Journal of accounting and economics, 2005, 39: 3 -24.

[81] Chen T, Martin X. Do Bank - Affiliated Analysts Benefit from Lending Relationships? [J]. Journal of Accounting Research, 2011, 49: 633 -675.

[82] Christensen D M, Mikhail M B, Walther B R, et al. From K street to wall street: Politically connected analysts and stock recommendations. Pennsylvania State University, University of Illinois at Chicago, Northwestern University and Arizona State University Working Paper, 2014.

[83] Clement M B. Analyst forecast accuracy: Do ability, resources, and portfolio complexity matter? [J]. Journal of accounting and economics, 1999, 27: 285 -303.

[84] Clement M B, Tse S Y. Do investors respond to analysts' forecast revisions as if forecast accuracy is all that matters? [J]. The Accounting Review, 2003, 78: 227 -249.

[85] Coates Iv J C. Corporate politics, governance, and value before and after citizens united [J]. Journal of Empirical Legal Studies, 2012, 9: 657 -696.

[86] Cohen L, Frazzini A, Malloy C. The small world of investing: Board connections and mutual fund returns [J]. Journal of Political Economy, 2008, 116: 951 -979.

[87] Cohen L, Frazzini A, Malloy C. Sell - side school ties [J]. The Journal of Finance, 2010, 65: 1409 -1437.

[88] Çolak G, Durnev A, Qian Y. Political uncertainty and IPO activity: Evidence from US gubernatorial elections [J]. Journal of Financial and Quantitative Analysis, 2017, 52: 2523 -2564.

[89] Cooper M J, Gulen H, Ovtchinnikov A V. Corporate politi-

cal contributions and stock returns [J]. The Journal of Finance, 2010, 65: 687 -724.

[90] Cooper R A, Day T E, Lewis C M. Following the leader: a study of individual analysts' earnings forecasts [J]. Journal of Financial Economics, 2001, 61: 383 -416.

[91] Cornelli F, Kominek Z, Ljungqvist A. Monitoring managers: Does it matter? [J]. The Journal of Finance, 2013, 68: 431 -481.

[92] Cotter J, Tuna I, Wysocki P D. Expectations management and beatable targets: How do analysts react to explicit earnings guidance? [J]. Contemporary Accounting Research, 2006, 23: 593 -624.

[93] Coval J D, Moskowitz T J. The geography of investment: Informed trading and asset prices [J]. Journal of Political Economy, 2001, 109: 811 -841.

[94] Darrough M N, Russell T. A positive model of earnings forecasts: Top down versus bottom up [J]. The Journal of Business, 2002, 75: 127 -152.

[95] Das S, Guo R J, Zhang H. Analysts' selective coverage and subsequent performance of newly public firms [J]. The Journal of Finance, 2006, 61: 1159 -1185.

[96] De Franco G, Kothari S P, Verdi R S. The benefits of financial statement comparability [J]. Journal of Accounting Research, 2011, 49: 895 -931.

[97] De Franco G, Vasvari F P, Vyas D, et al. Debt analysts' views of debt - equity conflicts of interest [J]. The Accounting Review, 2013, 89: 571 -604.

[98] Dugar A, Nathan S. The effect of investment banking relationships on financial analysts' earnings forecasts and investment recommendations [J]. Contemporary Accounting Research, 1995, 12: 131 -

160.

[99] Easterwood J C, Nutt S R. Inefficiency in analysts' earnings forecasts: Systematic misreaction or systematic optimism? [J]. The Journal of Finance, 1999, 54: 1777 – 1797.

[100] Ertimur Y, Sunder J, Sunder S V. Measure for measure: The relation between forecast accuracy and recommendation profitability of analysts [J]. Journal of Accounting Research, 2007, 45: 567 – 606.

[101] Faccio M. Politically connected firms [J]. American Economic Review, 2006, 96: 369 – 386.

[102] Faccio M, Masulis R W, Mcconnell J J. Political connections and corporate bailouts [J]. The Journal of Finance, 2006, 61: 2597 – 2635.

[103] Feldman E R, Gilson S C, Villalonga B. Do analysts add value when they most can? Evidence from corporate spin – offs [J]. Strategic Management Journal, 2014, 35: 1446 – 1463.

[104] Feng M, Mcvay S. Analysts' incentives to overweight management guidance when revising their short – term earnings forecasts [J]. The Accounting Review, 2010, 85: 1617 – 1646.

[105] Frankel R, Kothari S, Weber J. Determinants of the informativeness of analyst research [J]. Journal of accounting and economics, 2006, 41: 29 – 54.

[106] Gallo L A, Hann R N, Li C. Aggregate earnings surprises, monetary policy, and stock returns [J]. Journal of accounting and economics, 2016, 62: 103 – 120.

[107] Gao M, Huang J. Capitalizing on Capitol Hill: Informed trading by hedge fund managers [J]. Journal of Financial Economics, 2016, 121: 521 – 545.

[108] Givoly D, Lakonishok J. The information content of financial analysts' forecasts of earnings: Some evidence on semi-strong inefficiency [J]. Journal of accounting and economics, 1979, 1: 165-185.

[109] Gleason C A, Lee C M. Analyst forecast revisions and market price discovery [J]. The Accounting Review, 2003, 78: 193-225.

[110] Gow I D, Ormazabal G, Taylor D J. Correcting for cross-sectional and time-series dependence in accounting research [J]. The Accounting Review, 2010, 85: 483-512.

[111] Graham J R, Harvey C R, Rajgopal S. The economic implications of corporate financial reporting [J]. Journal of accounting and economics, 2005, 40: 3-73.

[112] Greenwood R, Raynard M, Kodeih F, et al. Institutional complexity and organizational responses [J]. Academy of Management annals, 2011, 5: 317-371.

[113] Groysberg B, Polzer J T, Elfenbein H A. Too many cooks spoil the broth: How high-status individuals decrease group effectiveness [J]. Organization Science, 2011, 22: 722-737.

[114] Hameed A, Morck R, Shen J, et al. Information, analysts, and stock return comovement [J]. The Review of Financial Studies, 2015, 28: 3153-3187.

[115] Hann R N, Ogneva M, Sapriza H. Forecasting the macroeconomy: analysts versus economists. Available at SSRN 2194179, 2012.

[116] Hernsberger J S, Spiller M S. The role of status in imitative behavior: The influence of All-American security analysts on their peers [J]. Intelligence, Sustainability, and Strategic Issues in Manage-

ment: Current Topics in Management, 2017, 18: 81 - 100.

[117] Hojnacki M, Kimball D C. PAC contributions and lobbying contacts in congressional committees [J]. Political Research Quarterly, 2001, 54: 161 - 180.

[118] Huang S X, Pereira R, Wang C. Analyst coverage and the likelihood of meeting or beating analyst earnings forecasts [J]. Contemporary Accounting Research, 2017, 34: 871 - 899.

[119] Hugon A, Kumar A, Lin A - P. Analysts, macroeconomic news, and the benefit of active in - house economists [J]. The Accounting Review, 2016, 91: 513 - 534.

[120] Hutton A P, Lee L F, Shu S Z. Do managers always know better? The relative accuracy of management and analyst forecasts [J]. Journal of Accounting Research, 2012, 50: 1217 - 1244.

[121] Ioannou I, Serafeim G. The impact of corporate social responsibility on investment recommendations: Analysts' perceptions and shifting institutional logics [J]. Strategic Management Journal, 2015, 36: 1053 - 1081.

[122] Jacob J, Lys T Z, Neale M A. Expertise in forecasting performance of security analysts [J]. Journal of accounting and economics, 1999, 28: 51 - 82.

[123] Jerke B W. Cashing in on Capitol Hill: Insider trading and the use of political intelligence for profit [J]. University of Pennsylvania Law Review, 2010: 1451 - 1521.

[124] Jiang W, Wan H, Zhao S. Reputation concerns of independent directors: Evidence from individual director voting [J]. The Review of Financial Studies, 2015, 29: 655 - 696.

[125] Johnston R, Markov S, Ramnath S. Sell - side debt analysts [J]. Journal of accounting and economics, 2009, 47: 91 - 107.

[126] Kadan O, Madureira L, Wang R, et al. Analysts' industry expertise [J]. Journal of accounting and economics, 2012, 54: 95 - 120.

[127] Karolyi G A. Discussion of A Lobbying Approach to Evaluating the Sarbanes - Oxley Act of 2002 [J]. Journal of Accounting Research, 2009, 47: 585 - 595.

[128] Ke B, Petroni K. How informed are actively trading institutional investors? Evidence from their trading behavior before a break in a string of consecutive earnings increases [J]. Journal of Accounting Research, 2004, 42: 895 - 927.

[129] Kim S H. The Last Temptation of Congress: Legislator Insider Trading and the Fiduciary Norm Against Corruption [J]. Cornell L. Rev., 2012, 98: 845.

[130] Klein A, Marquardt C A. Fundamentals of accounting losses [J]. The Accounting Review, 2006, 81: 179 - 206.

[131] Konchitchki Y, Patatoukas P N. Taking the pulse of the real economy using financial statement analysis: Implications for macro forecasting and stock valuation [J]. The Accounting Review, 2013, 89: 669 - 694.

[132] Kothari, Prasad, Patel, et al. Application of cocaine to the nasal mucosa: a novel method [J]. Journal of Laryngology and Otology, 2001, 115: 650.

[133] Lamont O A. Macroeconomic forecasts and microeconomic forecasters [J]. Journal of economic behavior and organization, 2002, 48: 265 - 280.

[134] Lee C M, So E C. Uncovering expected returns: Information in analyst coverage proxies [J]. Journal of Financial Economics, 2017, 124: 331 - 348.

[135] Lee J M, Hwang B H, Chen H. Are founder CEOs more overconfident than professional CEOs? Evidence from S&P 1500 companies [J]. Strategic Management Journal, 2017, 38: 751 –769.

[136] Li K K, You H. What is the value of sell – side analysts? Evidence from coverage initiations and terminations [J]. Journal of accounting and economics, 2015, 60: 141 –160.

[137] Lin H – W, Mcnichols M F. Underwriting relationships, analysts' earnings forecasts and investment recommendations [J]. Journal of accounting and economics, 1998, 25: 101 –127.

[138] Liu L X, Shu H, Wei K J. The impacts of political uncertainty on asset prices: Evidence from the Bo scandal in China [J]. Journal of Financial Economics, 2017, 125: 286 –310.

[139] Mcnichols M, O' brien P C. Self – selection and analyst coverage [J]. Journal of Accounting Research, 1997, 35: 167 –199.

[140] Mian A, Sufi A, Trebbi F. The political economy of the US mortgage default crisis [J]. American Economic Review, 2010, 100: 1967 –1998.

[141] Michaely R, Womack K L. Conflict of interest and the credibility of underwriter analyst recommendations [J]. The Review of Financial Studies, 1999, 12: 653 –686.

[142] Mikhail M B, Walther B R, Willis R H. Do security analysts improve their performance with experience? [J]. Journal of Accounting Research, 1997, 35: 131 –157.

[143] Mikhail M B, Walther B R, Willis R H. The effect of experience on security analyst underreaction [J]. Journal of accounting and economics, 2003, 35: 101 –116.

[144] Mikhail M B, Walther B R, Willis R H. Do security analysts exhibit persistent differences in stock picking ability? [J]. Journal

of Financial Economics, 2004, 74: 67 -91.

[145] Nagar V, Schoenfeld J, Wellman L. The effect of economic policy uncertainty on investor information asymmetry and management disclosures [J]. Journal of accounting and economics, 2019, 67: 36 -57.

[146] Nallareddy S, Ogneva M. Predicting restatements in macro-economic indicators using accounting information [J]. The Accounting Review, 2016, 92: 151 -182.

[147] Nichols D C, Wieland M M. Do firms' nonfinancial disclosures enhance the value of analyst services? [J]. Social Science Electronic Publishing, 2009.

[148] Ovtchinnikov A V, Pantaleoni E. Individual political contributions and firm performance [J]. Journal of Financial Economics, 2012, 105: 367 -392.

[149] Park C W, Stice E K. Analyst forecasting ability and the stock price reaction to forecast revisions [J]. Review of Accounting Studies, 2000, 5: 259 -272.

[150] Petersen M A. Estimating standard errors in finance panel data sets: Comparing approaches [J]. The Review of Financial Studies, 2009, 22: 435 -480.

[151] Phua J K, Tham T M, Wei C. Do Equity Analysts Learn from Their Colleagues? [J]. 2018.

[152] Pollock N, Williams R. The venues of high tech prediction: Presenting the future at industry analyst conferences [J]. Information and Organization, 2015, 25: 115 -136.

[153] Ramnath S, Rock S, Shane P. The financial analyst forecasting literature: A taxonomy with suggestions for further research [J]. International Journal of Forecasting, 2008, 24: 34 -75.

[154] Reilly G, Souder D, Ranucci R. Time horizon of investments in the resource allocation process: Review and framework for next steps [J]. Journal of Management, 2016, 42: 1169 - 1194.

[155] Richardson S, Teoh S H, Wysocki P D. The walk - down to beatable analyst forecasts: The role of equity issuance and insider trading incentives [J]. Contemporary Accounting Research, 2004, 21: 885 - 924.

[156] Richter B K, Samphantharak K, Timmons J F. Lobbying and taxes [J]. American Journal of Political Science, 2009, 53: 893 - 909.

[157] Schipper K. Analysts' forecasts [J]. Accounting horizons, 1991, 5: 105.

[158] Schwartz N, Dash E. Thieves found Citigroup site an easy entry [N]. The New York Times, June, 2011, 13.

[159] Shen R, Tang Y, Chen G. When the role fits: How firm status differentials affect corporate takeovers [J]. Strategic Management Journal, 2014, 35: 2012 - 2030.

[160] Shivakumar L, Urcan O. Why do aggregate earnings shocks predict future inflation shocks. SSRN Scholarly Paper, 2014, 2194122.

[161] Skroupa C. Investors want disclosure of corporate political contributions and lobbying expenditures [N]. Forbes April, 2012, 3: 2013.

[162] Stickel S E. Reputation and performance among security analysts [J]. The Journal of Finance, 1992, 47: 1811 - 1836.

[163] Teoh S H, Welch I, Wong T J. Earnings Management and the Long - Run Market Performance of Initial Public Offerings [J]. Journal of Financial Economics, 2010, 53: 1935 - 1974.

[164] Tripathi M, Ansolabehere S, Snyder J M. Are PAC contri-

butions and lobbying linked? New evidence from the 1995 Lobby Disclosure Act [J]. Business and Politics, 2002, 4: 131 -155.

[165] Vasnev A L. Efficient Analyst Forecasts Combinations for the US Macro Forecasts [J]. 2013.

[166] Watts R L, Zimmerman J L. Positive Accounting Theory [J]. Social Science Electronic Publishing, 1986, 14: 455 -468.

[167] Wermers R. Stock - Picking Talent, Style, Transactions Costs, and Expenses [J]. The Journal of Finance, 2000, 55.

[168] Young M N, Tsai T, Wang X, et al. Strategy in emerging economies and the theory of the firm [J]. Asia Pacific Journal of Management, 2014, 31: 331 -354.

[169] Zhang Y, Gimeno J. Earnings pressure and long - term corporate governance: Can long - term - oriented investors and managers reduce the quarterly earnings obsession? [J]. Organization Science, 2016, 27: 354 -372.

[170] Zhou Z. Government ownership and exposure to political uncertainty: Evidence from China [J]. Journal of Bankingand Finance, 2017, 84: 152 -165.

后　记

三十岁迎来博士的学位，是老师们、家人们、朋友们对我的爱与帮助、支持与鼓励，是我最感动、最向往的礼物。在这里，我要将最真诚的谢意、最诚挚的鞠躬给予我最尊敬的老师们、家人们和同学朋友们。

本书是基于博士论文的成书，有幸成书，感恩首都经济贸易大学和会计学院各位领导及老师们的厚爱，再次感谢清华大学经济管理学院薛健教授以及师门的大力帮助，特别感谢编辑部主任及老师们的鼎力支持。

2023 年 11 月于首经贸